STUDIOS
TALMA

De la même auteure :

– *À l'école des chats, quand les animaux nous rendent humains*, Éditions Louise Courteau, 2021 ;

– participation à l'ouvrage collectif *Dialogues avec l'animal et le Vivant*, Éditions Le Souffle d'Or ;

– contribution à l'ouvrage collectif *L'animal médecin*, sous la direction de Yolaine de la Bigne, Éditions Leduc, 2023.

Les coordonnées de l'ONG Candide International :

https://www.candide-international.fr

m.bourton83@gmail.com

https://www.facebook.com/Michelle.Bourton.100/

Photo 4e de couverture Michèle Bourton : Valentin Williet

ISBN : 978-1-913191-52-8

Dépôt légal : 1er trimestre 2025

Talma Studios International Ltd.
Clifton House, Fitzwilliam St Lower
Dublin 2 – Ireland
www.talmastudios.com
info@talmastudios.com

Michèle Bourton

ENSEIGNER AVEC DES CHATS

L'extraordinaire expérience de l'école Candide

STUDIOS TALMA

Ce livre est dédié à tous les élèves, au personnel et aux chats qui ont contribué à faire de Candide un groupe scolaire merveilleux.

Nous ne protégeons que ce que nous aimons.
Nous n'aimons que ce que nous connaissons.
Nous ne connaissons que ce qui nous a été enseigné.

Baba Dioum
membre fondateur de
l'Union internationale de conservation de la nature (UICN)

Avant-propos

En France, la quête du savoir commence dès les premiers pas de l'enfance. L'école maternelle, douce fée des rêves enfouis, accueille les bambins dès l'âge tendre de 3 ans. Les petits écoliers y découvrent les couleurs, les formes et les premières amitiés, telles des pétales éclos dans un jardin secret.

Puis, le ruisseau s'élargit, et l'école primaire prend le relais à partir de 6 ans. Les chaises de bois, polies par les générations passées, accueillent ces esprits avides de connaissance. Les mathématiques, la grammaire, l'histoire : autant de chapitres qui s'écrivent sur les cahiers d'écoliers. L'enfant y passe cinq ans, du cours préparatoire au CM2.

Le collège, quant à lui, est un carrefour où se croisent les chemins de l'adolescence. Les hormones dansent sur une piste mouvante, les amitiés se tissent et se défont, tandis que les professeurs, tels des phares dans la brume, guident leurs élèves pendant quatre ans vers des horizons inconnus. Les sciences, les langues, les arts : autant de portes ouvertes sur des mondes parallèles. À la fin de ce cycle, dès 2025, l'obtention du Diplôme National du Brevet (DNB) deviendra obligatoire pour plonger dans le grand bain des études secondaires, des classes de seconde, première et terminale.

Enfin, le lycée, majestueux vaisseau, prépare les jeunes âmes à affronter les vents de l'avenir. Les filières se dessinent, les passions s'épanouissent, et les rêves prennent leur envol. Les mathématiques avancées, la philosophie, la littérature : autant de voiles qui hissent les esprits vers des sommets insoupçonnés.

Cependant, rappelons-nous, cher lecteur, que la répartition des classes et des âges varie à travers le monde. Dans chaque recoin de la planète, des enfants écrivent leur histoire, avec des mots différents mais le même désir : grandir, apprendre et laisser leur empreinte sur le sable du temps.

Depuis le 2 septembre 2019, l'Article L1331-1 du Code de l'Éducation nationale résonne comme un mantra sacré : l'instruction est un droit, mais aussi une obligation pour une durée de treize années. Que chaque jeune esprit, tel un alchimiste des temps modernes, puise dans cette source intarissable pour façonner son destin.

Des chances inégales

Ah, les textes de loi ! Ces joyaux de la bureaucratie, promesses délicatement brodées sur le tissu fragile de nos espérances. On les lit, on les relit, on les déclame comme des incantations magiques. Et pourtant, la réalité est souvent plus obstinée qu'un âne récalcitrant.

Imaginez-vous, si vous le voulez bien, dans une salle de classe. Les murs suintent l'ennui, les chaises grincent sous le poids des rêves enfouis. Là, au milieu de ce tableau noir où se tracent les destins, se tient l'enseignant. Funambule sur un fil de fer, il jongle avec les mots, les chiffres, les espoirs.

Combien sont-ils, ces petits écoliers, à se presser sur les bancs dès l'âge de 6 ans ? Vingt-cinq, trente, parfois plus, même au CP, cette année charnière où l'enfant découvre les secrets des lettres et des nombres. Les plus vifs, tels des oiseaux migrateurs, s'envolent vers d'autres cieux, d'autres classes. Les autres, les timides, les maladroits, restent ancrés dans la cour des Miracles.

C'est ainsi que les inégalités s'installent, comme des mauvaises herbes dans un jardin mal entretenu. Les uns lisent, écrivent, comptent, tandis que d'autres se débattent dans les méandres

de l'apprentissage. Quant à moi, témoin impuissant, j'assiste à ce triste spectacle, le cœur lourd.
Alors, chers amis, il est grand temps de semer les graines de l'égalité. Que nos classes deviennent des havres de lumière, des oasis où chaque enfant, qu'il vienne du nord ou du sud, de la ville ou de la campagne, puisse s'épanouir. Que nos enseignants, ces jardiniers de l'âme, cultivent avec passion les fleurs de demain. Que cette quête d'équité soit notre boussole et que nos rêves d'une éducation meilleure prennent racine dans le terreau fertile de l'espoir.

Les différents types de structures éducatives

Dans notre pays, l'éducation de nos enfants se décline en trois voies distinctes :

1. **Les établissements publics :** laïcs et gratuits, ces établissements accueillent tous les élèves sans distinction de croyance. Aucune somme n'est à débourser, mais se faire une place dans ces classes surchargées et souvent bruyantes requiert parfois un certain talent.
2. **Les établissements privés sous contrat :** Souvent associés à des institutions religieuses, ces établissements sont payants, mais bénéficient d'une aide financière de l'État. En contrepartie, ils doivent suivre les programmes officiels de l'Éducation nationale et accepter les élèves de toutes confessions, sans discrimination. Ainsi, un élève réticent au catéchisme ne peut être contraint d'y assister. L'État, cependant, ne se mêle pas des enseignements religieux dispensés.

3. **Les établissements privés hors contrat :** Indépendants de l'Éducation nationale, ces écoles, souvent appelées « écoles alternatives »,[1] proposent des approches pédagogiques atypiques et des matières non conventionnelles, parfois avec une forte empreinte religieuse. L'enseignement y est généralement onéreux, car ces établissements ne reçoivent aucun soutien financier de l'État.

En 2023, sont recensés 2 507 établissements privés hors contrat, dont 16 % revendiquent une affiliation religieuse (11 % catholiques, 1 % musulmanes, 1 % juives et 3 % protestantes).[2]

En septembre 2024, plus d'une centaine d'établissements privés hors contrat sont venus allonger cette liste.

Source : https://www.lefigaro.fr/actualite-france/le-boom-des-ecoles-privees-hors-contrat-reflet-des-attentes-societales-20240909

1. Notre établissement Candide ne se place pas dans cette catégorie, car nous suivons tous les programmes scolaires de façon rigoureuse et n'affichons aucune appartenance religieuse.

2. Source : https://creer-son-ecole.com/les-chiffres-de-la-liberte-scolaire-statistiques-et-analyse-des-ouvertures-decoles-independantes-a-la-rentree-2023.

Introduction

Les fondements de la pédagogie Candide : innovation et ronronthérapie

Dans les méandres de l'éducation, la pédagogie se déploie en une mosaïque de méthodes tissant les fils du savoir et des valeurs nécessaires pour élever les esprits vers un certain niveau de culture. Depuis l'aube des temps scolaires, les pédagogues expérimentent, créent, échouent ou triomphent. Leur quête perpétuelle ? S'adapter sans relâche à leur auditoire. Face aux résistances des apprenants, ils explorent les profondeurs de leurs échecs, cherchant le fil d'Ariane qui les guidera vers la lumière de l'apprentissage.

Quant à moi, j'ai préféré innover ! En 2012, j'ai donné naissance à la pédagogie Candide, une véritable renaissance pour les apprenants. Enfin, des méthodes d'enseignement qui placent l'enfant au centre, qui évoluent au rythme de son développement.

Dans le théâtre traditionnel de l'enseignement, les professeurs, tels des acteurs, produisent leurs « traces écrites » pour satisfaire la hiérarchie administrative, mais oublient parfois les murmures et les supplications des élèves assoiffés d'aide.

Candide, ce n'est pas seulement un compte-rendu bien ficelé ; c'est la promesse que chaque enfant puisse sourire, sachant qu'un adulte s'est authentiquement penché sur son chemin d'apprentissage.

À l'ombre des pupitres, la pédagogie Candide a éclos, telle une fleur rare, entre les pages des programmes strictement académiques. Pourquoi cette fidélité aux sentiers balisés ? Parce que, dans notre système scolaire, ces voies sont les seules qui mènent aux examens nationaux, ces sésames tant convoités.

Pourtant, je me suis insurgée contre une pratique hypocrite : celle d'imposer aux élèves la prise de notes, sous prétexte de renforcer leur mémoire. Imaginez un adulte, assis six heures durant dans une salle de classe, jonglant entre l'écoute du professeur, la transcription des leçons, la mémorisation, et l'intégration des consignes orales, tout cela souvent dans le chahut ambiant. C'est un numéro d'équilibriste impossible pour notre cerveau, distrait par trop de balles à la fois.

Cette prise de notes, en réalité, n'est que le fruit de l'attente anxiogène d'une bureaucratie française étouffante. Et ce sont les enfants qui en paient le prix. Qui se soucie de leur bien-être d'apprentissage ? Peut-être parce que j'ai moi-même connu l'ombre de la méconnaissance, j'ai souhaité forger une pédagogie résolument moderne.

Mon approche est empirique, ancrée dans le vécu. Treize années d'enseignement au sein de l'Éducation nationale m'ont rendue témoin d'un système asphyxié, privé des moyens nécessaires pour s'épanouir. Pourtant, je n'ai pas baissé les bras. Au contraire, j'ai érigé un concept nouveau, généreux et entier, où l'enfant devient le cœur vibrant du projet. L'enfant, et rien d'autre…

S'épanouir, c'est déployer ses ailes pour saisir les cartes de sa destinée, plutôt que de la subir comme une marionnette. À Candide, l'éclosion de la culture générale se dresse en majesté, un phare illuminant l'horizon des apprentissages. En forgeant sa réflexion sur le monde, le jeune esprit s'interroge, se façonne et devient l'artisan de son écoute envers autrui. L'enseignement, selon ma vision, ne se résume plus à façonner des maîtres du pouvoir, mais à cultiver des âmes de partage.

Ici, l'équation n'est plus celle de la domination, mais celle de la coopération. Nos compétences se mêlent, s'entrelacent et, ensemble, enfants et adultes, nous tissons la trame des connaissances, orchestrant des débats passionnés. Dans ce ballet harmonieux, l'enfant participe activement, et la quête du savoir se pare des couleurs chatoyantes de l'humanité.

Au fil de ces échanges bienveillants, les animaux s'inscrivent naturellement dans le tableau de la vie. L'enfant, à leur écoute, découvre l'altérité dans un écrin de confiance et de respect. Chez nous, une quinzaine de chats déambulent, ces ombres douces, dans les couloirs et les salles de classe, où le nombre d'élèves ne dépasse pas quinze. Leurs ronronnements, leur quête de caresses ou simplement de chaleur, nous enveloppent de leur candeur. Dans ce ballet félin, nous effleurons notre propre pureté, expérimentant nos plus belles qualités : douceur, attention, empathie...

Candide, c'est l'ascension depuis l'innocence de l'enfance, cette page blanche que Voltaire comparait à l'ignorance. Ici, nous cultivons ce terreau fertile, propice aux graines du savoir, où chaque élève devient un jardinier en herbe, semant les promesses de demain.

Figure 1 : Olive sur les genoux d'Ombeline

Chapitre 1

Une rencontre pas comme les autres

Lors d'une matinée printanière de 2013, d'une beauté à couper le souffle...

– Allô ?

– Aurais-je l'honneur de parler à Michèle Bourton ?

– En effet, c'est bien elle qui vous parle. Bonjour, Madame.

– Bonjour, je me présente, Céline Brusa. Je prends la liberté de vous contacter pour obtenir des informations sur votre établissement. Mon intérêt est double : en tant qu'orthophoniste, je suis curieuse de connaître votre approche et, en tant que mère, je me demande si votre école pourrait convenir à ma fille.

À cet instant, je laisse échapper un soupir silencieux. J'ai perdu le compte du nombre d'orthophonistes qui m'ont contactée depuis la création du site internet du Groupe scolaire indépendant Candide, tous impatients de découvrir cette école... Après quelques minutes de conversation, je propose à mon interlocutrice :

– Pourriez-vous venir chez moi demain à 10 heures avec votre fille ?

Le lendemain matin, à l'heure convenue, Céline et la petite Marine[1] sonnent à ma porte. Celle-ci s'ouvre comme un rideau de théâtre, révélant mon sourire chaleureux et aussi vaste que le paysage provençal. Notre poignée de main est aussi chaleureuse qu'un rayon de soleil. Le salon est baigné d'une lumière

1. Tous les noms et prénoms des personnes citées dans ce livre ont été modifiés, à l'exception de Michèle Bourton, Céline Brusa, Jean Frison, Alain et Maria. Quant à nos chats bien-aimés, leurs noms ont également été conservés.

dorée qui caresse tendrement quelques félins endormis, éparpillés ici et là, tels des œuvres d'art vivantes à mes yeux. Sur le mur, une photo grand format de marmottes éperdument amoureuses et une autre de bouquetins audacieux donnent le ton du lieu, un savant mélange de nature sauvage et de douceur domestique.

Jean Frison, le président de l'association Candide, et notre labrador accueillent nos visiteurs avec la courtoisie d'un gentleman du XIXe siècle, avant de les inviter à s'installer autour de la table, comme si elles étaient des dignitaires étrangères en visite officielle.

Il s'avère qu'en réalité Céline a été « missionnée » par la mère d'un de ses jeunes patients pour mener une enquête discrète sur ce nouvel établissement en passe d'ouvrir. Sa tâche ? Découvrir si cet endroit peut offrir aux enfants en difficulté dans le système classique un refuge éducatif digne et réconfortant.

Dehors, à travers les fenêtres du salon, les bourgeons s'épanouissent timidement. Les arbres, qui semblaient endormis, revêtent leurs plus belles parures, tandis que les abeilles, sorties de leur torpeur hivernale, butinent avec ardeur. Les oiseaux aussi s'éveillent de leur sommeil ; leurs chants mélodieux résonnent dans l'air. Le printemps est là, apportant sa promesse de renouveau et d'espoir. Et du haut de ses 8 ans, Marine rêve, elle aussi, de renaissance. Elle achève difficilement son deuxième trimestre de CE2. Sa mère, inconsciente de la souffrance de sa fille, s'était joyeusement exclamée à la fin des vacances d'hiver : « Quel bonheur de retourner en classe ! »Mais la réponse de la petite écolière l'avait laissée sans voix : « Non, Maman, je n'aime pas l'école. »

Avant de prendre contact avec moi, Céline a parcouru chaque page du site internet de Candide, absorbant chaque mot, chaque idée. Elle fut touchée au plus profond de son être, cette nouvelle approche lui semblant si juste, si pertinente.

Intriguée, Céline demande : « Comment avez-vous eu cette idée ? »

Je lui réponds avec une passion non dissimulée :

– En tant qu'enseignante dans le second degré de l'Éducation nationale, je n'étais pas satisfaite de mon rôle. Au collège et au lycée, je ressentais une profonde frustration. En revanche, en tant que formatrice pour divers concours de la fonction publique, j'éprouvais un véritable bonheur. La vérité est simple : enseigner à une classe de trente-cinq à quarante élèves, c'est un peu comme essayer de faire du babysitting pour une colonie de fourmis hyperactives. Nous sommes des enseignants, pas des dompteurs de lions. En décembre 2012, j'ai alors créé l'Association éducative et culturelle Candide, une organisation à but non lucratif. Ensuite, j'ai développé la pédagogie innovante Candide, qui intègre la ronronthérapie pour les élèves de la sixième à la terminale.

– Pourquoi vous sentiez-vous déçue ? s'enquiert Céline.

– Pour moi, l'enseignement est bien plus qu'un métier, c'est une vocation, mais comment peut-on aider des élèves entassés dans des classes surpeuplées ? L'année dernière, deux incidents m'ont particulièrement marquée. Le premier s'est déroulé dans ma classe de sixième avec une petite fille dyslexique. Nous, les enseignants, sommes souvent démunis face à ces situations. Certes, j'ai reçu une formation en 2005, tout comme mes collègues, mais elle n'a duré qu'une heure. Une heure pour comprendre un trouble aussi complexe que la dyslexie... Tout ce que j'en ai retenu, c'est que les enfants dyslexiques sont perturbés par le bruit. Nous devons donc les placer devant, écrire en gros caractères au tableau, et leur fournir un maximum de photocopies, mais même là, nous sommes limités : chaque professeur n'a droit qu'à un nombre restreint. Quelle ironie !

– C'est plutôt sommaire comme recommandations, et largement insuffisant, renchérit l'orthophoniste.

Après avoir acquiescé, je poursuis :

– J'ai donc placé la petite Chloé au premier rang. Un jour, alors que je traçais des lettres sur le tableau noir, un sanglot déchira le silence de la classe. Je me retournai, surprise, pour découvrir Chloé, les yeux embués de larmes. Intriguée, je lui demandai la cause de sa peine. D'une voix tremblante, elle me répondit : « Ça va trop vite pour moi. » Sans réfléchir, je répliquai d'un ton ferme : « Tu dois faire des efforts pour suivre ! » À peine ces mots eurent-ils franchi mes lèvres qu'une prise de conscience me frappa en plein cœur : je réalisai que j'étais devenue l'ombre de mes propres aspirations. Loin de mon rêve d'éveiller le potentiel de chaque élève, de célébrer leur unicité et de raviver la flamme de leur confiance, je me sentais prisonnière d'un rôle bureaucratique, entravée par des circonstances qui m'éloignaient de ce noble idéal. Dans cet univers où l'espoir semble voilé par les nuages de la conformité, je cherche encore comment semer des graines de changement, comment faire éclore une nouvelle ère d'apprentissage. Un apprentissage où chaque élève est reconnu, valorisé et encouragé à s'épanouir à son propre rythme.

– Comment as-tu réagi ?

– Le soir-même, rongée par le remords d'avoir provoqué ces larmes et horrifiée par ma propre réaction, je décidai d'appeler ses parents. Avec empathie et une profonde compréhension de la souffrance de mon élève, je leur proposai d'accueillir leur fille, chez moi, chaque soir après l'école. Je m'engageai à l'aider dans ses devoirs, sans rien attendre en retour. À ma grande surprise, ils accueillirent ma proposition avec un enthousiasme débordant, comme si je leur avais offert un trésor inespéré. En conséquence, ma protégée fit des progrès spectaculaires et retrouva sa confiance perdue. De la modeste moyenne de six, Chloé clôtura l'année académique avec un impressionnant quinze. Cela suscita une certaine agitation parmi mes collègues, qui craignaient que l'Éducation nationale ne leur impose le même niveau de dévouement.

Chloé, malgré son assiduité, me pressait certains jours, car elle ne voulait pas être en retard à sa séance d'orthophonie à Velleron.

– Mais... je suis l'orthophoniste de Chloé ! Et vous, vous êtes l'enseignante en français[2] dont mes petits patients parlent si souvent ?

– Alors... vous êtes l'orthophoniste que mes élèves mentionnent !

Céline et moi éclatons de rire. Sans nous être jamais rencontrées, nous avons l'impression de nous connaître depuis toujours. Le courant passe immédiatement et le tutoiement s'installe naturellement.

Pendant l'entretien, sa fille reste tranquillement assise sur sa chaise, ne prononçant pas un mot. Elle m'observe avec ses yeux émeraude, absorbant chacune de mes paroles comme une éponge.

– Et quel est le deuxième incident qui t'a poussée à quitter l'Éducation nationale ?

– Lors d'une réunion parents-professeurs, un adolescent, accompagné de sa mère, s'assit devant moi. Avec un sourire bienveillant, je lui signalai qu'il devait y avoir une erreur, car je n'étais pas son enseignante d'histoire et de géographie. Il me regarda, stupéfait, et insista : il est bien dans la classe de cinquième B. Je consultai mon cahier de notes, cherchai son nom dans ma liste et... je le trouvai ! Choquée, je réalisai que dans

2. Je suis professeur de français, mais aussi d'histoire, géographie et d'EMC (Éducation morale et civique).

cette « usine », avec trente-six élèves par classe, je n'avais même pas remarqué cet enfant. Pourquoi ? Parce que Thibault ne posait aucun problème. Ses notes étaient élevées et je ne l'entendais jamais bavarder avec ses camarades. J'en conclus aussitôt que je ne connaissais que les élèves chahuteurs. Cette révélation me frappa comme un éclair dans un ciel serein. Comment pouvais-je revendiquer le titre d'enseignante, moi qui avais juré de nourrir chaque esprit, si je ne percevais que ceux qui troublaient l'harmonie ? Cette profession, ma vocation, ma passion, semblait s'être fanée dans l'ombre d'une bureaucratie qui entrave la lumière. Je devais découvrir un nouveau chemin pour renouer avec cette mission qui m'appartient, bien au-delà d'une simple tâche quotidienne.

Céline explique qu'elle n'est pas surprise :

– Dans mon cabinet, je reçois de nombreux enfants qui, noyés dans la masse, ne bénéficient pas du soutien qu'ils méritent de la part de leurs enseignants. Nous savons, toi et moi, que ce n'est pas la faute des professeurs, mais de l'Éducation nationale qui surcharge les classes. Pour moi, c'est le premier point à révolutionner. Je suis persuadée que si nous réduisions les effectifs des classes, nombre de difficultés scolaires disparaîtraient. C'est pour cette raison aussi que je me suis intéressée très tôt à toutes les formes de pédagogies existantes. J'ai toujours adoré l'école ; étudier m'exaltait et je ne peux concevoir, moi non plus, que des enfants souffrent en classe. Ma fille a 8 ans, elle est en CE2 et m'a récemment avoué qu'elle n'aimait pas l'école. Ce n'est pas une enfant agitée ou difficile. Pourtant, l'an dernier, au mois de juin, on l'a obligée à rester sur un banc dans la cour en plein soleil pendant quarante-cinq minutes ! La raison invoquée était qu'elle avait « un peu ri « avec ses amies pendant le repas à la cantine. Or, dans le sud de la France, à cette époque, le soleil est dangereux, surtout lorsqu'il est au zénith.

Je suis stupéfaite par ces propos qui, tout en me secouant, me confortent dans mon projet déjà minutieusement élaboré. Céline poursuit :

– Et ton école, est-elle laïque ?

– Oui. J'accepte les enfants de toutes confessions, mais je n'intègre aucun enseignement religieux. Je refuse tout prosélytisme.

– Candide est-il un établissement d'enseignement général seulement ou comptes-tu créer des classes préprofessionnelles ?

– Il s'agit exclusivement d'un collège et d'un lycée d'enseignement général. Je suis incapable de mettre en place des classes professionnelles. Cela nécessite des ateliers, du personnel qualifié, des ressources dont je ne dispose malheureusement pas.

– Quel est le principe de ta pédagogie Candide ?[3]

– Je rêve d'un lieu où l'apprentissage devient une aventure palpitante, où chaque matin, mes élèves franchissent les portes de l'établissement avec des yeux brillants d'excitation, sans la moindre trace de peur ou de lassitude. Dans ce cocon chaleureux, chaque classe accueille quinze élèves curieux, de la sixième à la troisième, et j'espère bientôt étendre cette atmosphère jusqu'au lycée. Mon credo ? « Faites de votre enfant ou adolescent un élève heureux. »

Ce projet est le rêve de ma vie. J'y ai investi toutes mes économies, sept mille euros, et je m'y consacre bénévolement pour offrir un enseignement de qualité. Tant que nos classes ne seront pas pleines, j'assurerai moi-même plusieurs matières. Pour les élèves de quatrième et de troisième, deux enseignantes passionnées, l'une en anglais et l'autre en espagnol, se sont jointes à notre aventure, prêtes à enseigner sans contrepartie.

---

3. La pédagogie innovante Candide, associée à la ronronthérapie, sera particulièrement détaillée au chapitre 4 et tout au long de l'ouvrage.

Je respecte les programmes scolaires de l'Éducation nationale. Malgré mes réserves sur certains aspects de l'institution, je suis convaincue de la solidité de leurs propositions éducatives. Mon ambition ? Que mes élèves atteignent l'excellence, décrochent leur brevet et leur baccalauréat avec panache. Je refuse l'idée d'une école alternative qui négligerait les fondamentaux. Dans notre monde, le diplôme est essentiel pour l'avenir. Nos élèves doivent donc briller et se distinguer en français, en anglais et en sciences. Avec notre approche personnalisée et nos petites classes, je suis persuadée que nous pouvons offrir à chaque enfant un chemin vers la réussite.

Pour assurer un développement harmonieux, j'ai décidé de ne pas imposer de devoirs à la maison. Ils seront intégrés dans le programme scolaire quotidien, car je crois fermement qu'après une journée d'apprentissage, les enfants méritent du temps pour se reposer, s'adonner à des activités artistiques, culturelles ou sportives, ou simplement passer du temps en famille. Cette approche réduit les inégalités sociales, offrant à chaque élève un soutien constant de ses enseignants, directement en classe.

Je souhaite que les commentaires sur les copies des élèves soient encourageants. Plutôt que de ne pas attribuer de notes, nous adopterons une approche d'évaluation constructive qui permettra aux parents de suivre les progrès de leur enfant tout en gardant un ton motivant.

Respecter les besoins physiologiques des enfants est crucial pour leur bien-être et leur apprentissage. Ils pourront se lever librement pour s'hydrater, comme le recommandent les médecins pour maintenir une bonne fonction cérébrale, et l'accès aux toilettes leur sera permis à tout moment pour préserver leur santé.

Marine, les yeux brillants d'émotion, fait de son mieux pour retenir ses larmes. Sa mère, avec douceur, l'encourage à s'exprimer :

– À l'école, on n'a pas le droit d'aller aux toilettes, car elles sont toujours fermées à clé. On peut aller dans l'autre cour, mais il y a un espace entre le sol et la porte. Alors, les garçons nous regardent par en bas. En plus, c'est toujours sale et il n'y a pas de papier. Moi, je ne vais jamais aux toilettes à l'école.

Céline confirme :

– Marine a eu la chance de ne pas souffrir d'infections urinaires, mais son amie Iris en contracte régulièrement. C'est un souci pour les jeunes qui ne peuvent rentrer chez eux à midi.

Je partage alors une vision qui m'est chère :

– Imaginez notre école comme un havre de paix où de doux félins se promènent librement, offrant caresses et ronronnements apaisants. Leur présence illuminerait nos salles de classe, apportant un confort familial. Ces créatures affectueuses sont essentielles pour tisser des liens de confiance et d'amour, enrichissant notre environnement éducatif d'une harmonie sereine.

Marine s'exclame pendant que Céline sourit :

– Oh, on adore les chats ! On en a trois à la maison.

Sa mère poursuit :

– Quelle merveilleuse idée ! Pourquoi as-tu choisi les chats ? Penses-tu accueillir d'autres animaux dans ton établissement ?

– Avec un amour profond pour les chats, je rêve d'une école où la liberté règne. Les chats, symboles d'indépendance, pourront aller et venir à leur guise. Leur présence est un baume pour l'âme, une source de joie et d'amour inconditionnel. Dans cet espace éducatif que j'imagine, les rires des enfants se mêleront aux ronronnements des chats, créant une symphonie de bonheur. Loin de l'idée d'animaux confinés, je souhaite que ces êtres gracieux partagent leur tendresse, apportant lumière et gaieté dans chaque recoin. Quant aux chiens, bien que je sois convaincue de leur infinie bonté lorsqu'ils sont traités avec amour et respect, je comprends les inquiétudes des parents concernant les risques de morsures. Je choisis donc les chats pour la sérénité qu'ils inspirent, offrant un environnement où chaque enfant peut s'épanouir dans la confiance et l'affection.

– Je suppose que les enfants allergiques aux chats ne peuvent espérer entrer dans ton école…

Je rétorque avec tristesse :

– En effet, on ne peut convenir à tout le monde. Malheureusement, les enfants allergiques aux chats ne pourront franchir nos portes.

Céline, intriguée, reprend :

– Sans être indiscrète, je serais curieuse de savoir ce que les chats t'ont apporté, car tu viens de nous laisser entendre que ces animaux sont importants pour toi.

Dans un voile de mystère, je laisse planer le secret de mon ardent désir d'entourer les élèves de la douce compagnie des félins. Je choisis de garder les clés de mon passé, un jardin intime où les ombres de l'enfance flottent encore. Devant les yeux innocents de Marine, je préfère taire les épreuves qui ont forgé ma résilience, afin de ne pas troubler la pureté de son jeune esprit.

Céline, séduite par le projet, ne peut toutefois réprimer un soupçon de déception. Elle songe à inscrire sa fille dès le CM1. Avec subtilité, elle poursuit :

– Tu es certaine de ne pas vouloir ouvrir de classes de primaire ?

– Je n'ai jamais enseigné à des petites classes. Je n'ose pas me lancer dans cette aventure pour l'instant.

– Et si je participais ? En tant qu'orthophoniste, j'ai l'habitude de travailler avec des enfants de ces niveaux. Je connais bien les programmes et j'ai toujours rêvé de m'impliquer dans une école différente, voire de créer la mienne.

– Ta proposition mérite réflexion... Pouvons-nous la réexaminer dans quelques jours ?

À la tombée de la nuit, je discute avec mon père, le président de l'association. Une idée germe dans mon esprit : pourquoi ne pas instaurer une classe appelée « Vers la sixième en douceur » ? Cette initiative serait destinée aux élèves de CM1 et CM2, incluant ainsi tout le cycle 3 jusqu'à la sixième. Cela renforcerait encore la cohérence de mon projet.

– C'est captivant, murmure Jean. Tu envisages donc que Candide soit une passerelle rassurante qui conduirait les élèves à la sixième en comblant l'abîme qui sépare habituellement le primaire du collège ?

– Exactement. Je suis convaincue que l'environnement stimulant de Candide, associé à des méthodes de travail rigoureuses, dissiperait toute appréhension chez les enfants quant à l'entrée au secondaire.

Je doute que Céline me fasse signe. D'autres avant elle ont exprimé un enthousiasme débordant, mais n'ont jamais donné suite. Peu importe, je suis convaincue que je réaliserai mon rêve, avec ou sans l'aide de quelqu'un. Pourtant, dès le lendemain matin, Céline se manifeste, montrant une impatience et une détermination sans faille. Un rendez-vous est fixé pour l'après-midi.

Cette fois, je peux accepter de me confier.

Chapitre 2

Une enfance inhumaine

– Hier, raconte Céline, en sortant de chez toi, Marine m'a demandé : « Dis, Maman, ça existe vraiment une école où on peut être heureux ? » C'est alors que j'ai compris la puissance de ton projet et ce qu'il pourrait apporter aux enfants et adolescents. Pour commencer, veux-tu bien me raconter ton expérience avec les chats ?

Mon récit, tissé dans les fils sombres d'une réalité presque insoutenable, est une épopée que je ne pouvais dévoiler devant l'innocence d'une enfant.

– Née sous un ciel orageux le 12 mai 1958, je fus l'enfant non désirée d'une mère tourmentée. Elle avait déjà perdu la garde de ses quatre filles aînées pour des raisons qui hantent les couloirs de la justice. À peine onze jours après ma naissance, alors que mes cris résonnaient encore dans la maternité, elle m'a marquée de stigmates indélébiles. Alors que je rejoignais les soins intensifs, ma mère retrouvait l'asile de Laxou dans la banlieue de Nancy, l'hôpital psychiatrique régional, refuge de ses démons intérieurs. Nourrie par d'autres mains dans la tendresse d'une pouponnière, le destin me porta, à dix-huit mois, vers un foyer d'accueil niché dans le cœur verdoyant de Val-et-Châtillon, un village lorrain. Là-bas, sans le savoir, mes sœurs vivaient tout près, dans une autre famille à Petitmont. Le hasard nous avait rapprochées sans jamais nous réunir.

– Tu as vécu toute ton enfance à Val-et-Châtillon ?

– Malheureusement, il en a été tout autrement. À l'âge de 5 ans et demi, le 6 novembre 1963 exactement, celle que je pensais être ma maman m'invite à la rejoindre à la fenêtre pendant que je joue. Elle m'aide à grimper contre elle et me montre la rue :

– Tu vois cette dame qui s'approche avec une petite fille au manteau rouge ?

– Oui, la petite fille a un beau manteau.

– Eh bien, cette dame est ta vraie maman. La fillette est ta petite sœur, et elles viennent te chercher.

Interloquée, je crie :

– Mais c'est toi ma maman ! Je ne veux pas partir d'ici !

Rien n'y fait, tout s'enchaîne en cinq minutes. L'inconnue entre dans la maison et m'ordonne :

– Dis « Bonjour, Maman ! »

Dans la panique, je réponds :

– Bonjour, Madame.

Je reçois ma première gifle, la première d'une longue série de maltraitances et de tortures qui dureront onze ans. Celle que je pensais être ma maman nous pousse dehors avec ma valise.

Céline a du mal à contenir son émotion et demande :

– Ta nourrice d'accueil n'a donc rien fait pour te garder ?

– Elle était en larmes, complètement impuissante. Je ne sais pas si elle a tenté de me reprendre ou de dénoncer ce qu'elle voyait. Je me suis retrouvée avec cette femme au regard fou et la petite fille au manteau rouge collée contre elle. Mon supplice, tel un fleuve impétueux, a duré jusqu'à mes seize ans et demi. C'est alors que j'ai été recueillie par Jean Frison, une lueur d'humanité dans l'obscurité, le seul à s'insurger quand le monde restait de marbre face à mon désarroi durant exactement onze ans. Le 6 novembre 1974, dans le théâtre de la justice, une juge des enfants, en moins d'une heure, lui octroie les rênes de ma destinée, mettant un point final à cette épreuve interminable qui m'aura marquée au fer rouge, laissant des cicatrices éternelles, tant dans ma chair que dans mon âme.

Céline est atterrée, mais m'encourage à continuer.

– Tout au long de mon enfance et de mon adolescence, j'ai subi de graves sévices et des actes de torture de la part de ma mère. Maintenant, à 55 ans, je suis reconnue handicapée physiquement à plus de 80 % par la MDPH (Maison départementale des personnes handicapées).

– Comment as-tu pu survivre à de tels sévices ?

– Dans mon infortune, j'ai eu la chance immense d'avoir une échappatoire. Ma mère, dans sa volonté de me punir et de m'humilier davantage, m'avait assigné la cave à charbon pour y dormir, trois étages plus bas. Lors de cette première nuit, tandis que mes sanglots résonnaient dans le silence glacé de la cave, un chat tigré se glissa dans mon antre. La lucarne sans vitre, garnie de cinq barreaux, lui avait offert un passage. Moi, tremblante de froid en ce mois de novembre dans le nord-est de la France, je me recroquevillais dans ma détresse d'enfant. Le félin vint vers moi, ses ronronnements vibrants et ses caresses délicates aux pattes de velours apaisant mes tourments. Dès le lendemain, son appel silencieux résonna dans l'air, et mon refuge obscur s'anima d'une nouvelle vie.

Les chats du quartier, ces observateurs discrets de l'invisible, répondirent à cette invitation muette. Silencieux et solennels, ils arrivèrent, leurs yeux en amande porteurs de secrets anciens. Fidèles compagnons, adorables confidents, ils se glissèrent dans les recoins de mon existence. Ils étaient là, présents sans juger, sans exiger. Ils m'offraient leur compagnie, leur chaleur, leurs ronronnements doux comme une caresse d'étoile. Leurs langues rugueuses léchaient mes blessures, apaisant la douleur. Chaque nuit, allongée sur le tas de charbon, je les sentais tout contre moi, leurs petits corps chauds, leurs souffles réguliers. Un lien invisible de tendresse nous unissait, tissé dans le fil de l'amour et du réconfort.

Ils m'ont appris la patience, restant immobiles à mes côtés jusqu'à ce que mes larmes cessent. Ils m'ont initiée au jeu, bondissant dans les coins sombres de la cave, chassant des ombres imaginaires. Et dans leurs yeux, j'ai vu la sérénité face à l'inévitable, l'acceptation d'un destin partagé, mais, par-dessus tout, ils m'ont offert l'espoir. L'espoir que chaque nuit, aussi sombre soit-elle, finit par laisser place à l'aube. Que même quand tout semble perdu, il y a toujours une lumière qui veille. Quand cet espoir vacillait, leurs coussinets sur mon visage semblaient murmurer : « Tiens bon, amie humaine. La nuit est longue, mais le jour viendra ». C'est grâce à eux que j'ai trouvé la force de survivre.

Je n'étais qu'une petite fille, naïve comme tous les enfants de mon âge. Avec le peu d'argent que je pouvais trouver, je m'efforçais d'acheter du jambon pour mes compagnons à quatre pattes, ces êtres qui m'apportaient réconfort et chaleur dans ma sombre solitude. Malgré le seul morceau de pain rassis que ma mère m'octroyait, je n'ai jamais goûté à ce trésor au parfum enivrant. Non, je le réservais entièrement à mes fidèles amis, ces chats qui partageaient avec moi la froideur de la cave à charbon, et dont les ronronnements doux m'apaisaient les nuits durant. Ce jambon, c'était bien plus qu'un simple aliment : c'était un lien, un geste d'amour, une offrande silencieuse à ceux qui me portaient à bout de pattes. Et dans cette obscurité, au creux de notre refuge, je trouvais un peu de lumière, une lueur d'espoir, grâce à ces âmes félines qui m'avaient adoptée.

À seulement 7 ans, il m'arrivait d'être mise à la porte par ma génitrice, un baluchon à la main. Paradoxalement, j'éprouvais une forme d'euphorie en quittant la cave sombre où les coups pleuvaient. Je ne m'éloignais pas beaucoup, par crainte, et trouvais refuge dans un wagon de paille, à une centaine de mètres de chez moi. Mes amis félins m'accompagnaient, fidèles et silencieux. La nuit m'apaisait, car je savais que ma mère, plongée dans son sommeil, ne viendrait pas me chercher.

Céline, bouleversée, interrompt :

– Les services sociaux, les enseignants, les voisins ? Personne n'a rien dit, rien fait pour toi ?

– L'absence des services sociaux fut une tragédie silencieuse, refermant un étau sur mon enfance. Personne n'a tendu la main pour me sauver. À l'école, mon visage, marqué de coups et de blessures, trahissait mon quotidien. Parfois, les instituteurs demandaient : « Que t'est-il arrivé au visage ? » Et je répondais, répétant le mensonge appris : « Je me suis cognée contre une armoire. » Même à l'hôpital, ensanglantée, je récitais la même rengaine. Tout le monde savait, mais personne n'intervenait. L'indifférence m'enfermait dans un silence impénétrable.

– Je ne comprends pas. La Ddass[4] n'a jamais rien fait, sachant que ta mère avait été déchue de ses droits maternels pour ses quatre aînées ? Et ton père ?

– Je ne l'ai jamais connu. Il était en réclusion criminelle à ma naissance, une ombre lointaine et mystérieuse. Quant aux services sociaux, ils se sont montrés négligents et indifférents, oubliant presque mon existence. Un jour, à 7 ans, ma mère décida de récupérer ma sœur aînée de deux ans, Renée, qui était encore en famille d'accueil. La Ddass demanda alors à ma génitrice de m'amener dans leurs bureaux pour évaluer mon état physique et psychologique. J'ignorais tout de cette démarche.

Ce n'est qu'à 21 ans, lors d'une réunion au Conseil général, que je découvris la vérité. Mon père adoptif, une assistante sociale, et un psychologue étaient présents. Le rapport de la visite à la Ddass était là, devant moi, froid et clinique. Il décrivait une enfance marquée par l'absence, la solitude et l'incertitude.

4. Direction départementale des affaires sanitaires et sociales. Depuis 1983, le terme Ase (Aide sociale à l'enfance) remplace celui de Ddass.

J'étais un simple numéro de dossier, une statistique parmi tant d'autres. J'espérais trouver des réponses, comprendre qui j'étais et pourquoi tout cela m'était arrivé, mais ces pages n'offraient qu'une réalité brutale : j'avais été oubliée par un système qui aurait dû me protéger.

Le psychologue me regarda avec compassion, sachant que cet instant serait difficile à vivre. Il savait que ce moment allait ébranler mes fondations. Il me tendit la main, comme pour m'ancrer, tandis que je plongeais dans les méandres de mon passé, cherchant la vérité dans ces lignes froides et impersonnelles. Mon cœur battait à tout rompre, mes yeux s'emplissaient de larmes. Ce rapport, bien plus qu'un simple document administratif, représentait le fil ténu qui me reliait à mon histoire, à mes origines, à ce père que je n'avais jamais connu. Dans ce bureau austère, entourée de regards bienveillants, j'ai commencé à reconstruire les morceaux de mon passé, à tisser les fils de mon identité, un à un. Ce rapport, aussi froid fut-il, était le premier chapitre d'un livre que j'allais écrire moi-même, avec courage et détermination car, au-delà des mots, il y avait une vérité essentielle : j'étais là, vivante, et pouvais choisir de tracer mon propre chemin, malgré les ombres du passé. Je lis :

La petite Michèle est un peu retardée. Elle n'est pas maltraitée physiquement. On a du mal à savoir si psychologiquement elle va bien, car elle est fatiguée. Elle vient de se faire opérer des amygdales.

Les mots me laissèrent stupéfaite, car je savais que... j'avais encore mes amygdales ! Ce n'était donc pas moi que ma mère avait présentée au contrôle de l'État, mais ma petite sœur de 5 ans, Alice, qu'elle chérissait tant et qui venait effectivement de subir cette opération. Par ce subterfuge, ma mère avait réussi à tromper les services sociaux et à récupérer Renée, notre sœur aînée, de sa famille d'accueil. Ce jour-là, un après-midi en rentrant de l'école, je vis pour la première fois Renée à la maison. Son visage portait déjà les marques des gifles, ses yeux de neuf ans reflétaient une terreur muette et impuissante. Elle allait, elle aussi, subir les coups, mais pas aussi violemment que moi. Mon crime était ma ressemblance frappante avec mon père biologique – un homme que ma mère détestait. Mes yeux clairs et mes cheveux blonds faisaient de moi un miroir insupportable pour elle. Renée, elle, avec ses yeux sombres et ses cheveux bruns, ressemblait à notre mère, ce qui la préservait quelque peu de son courroux. Nos destins se croisèrent, entrelacés dans la douleur et la détresse, comme les fils d'une tragédie tissée par des mains invisibles.

À l'âge de 16 ans, Renée eut le courage de demander son émancipation et l'obtint. Pour ce faire, elle s'arrangea pour tomber enceinte et se marier avec le premier venu, cherchant désespérément à fuir cette maison infernale. Moi, j'ai survécu grâce aux chats, ces compagnons silencieux qui ont partagé mes tourments jusqu'à mon adoption. Trop souvent absente de l'école, marginalisée par les autres enfants, j'ai appris à vivre à leur image, à communiquer dans leur langage, le « chatuis »,[5] mieux que je ne le faisais avec les mots humains. C'était un langage de murmures, de postures, de silences. Parfois, je me glissais dans leur peau, m'abandonnant à leur instinct, à leur sagesse ancestrale. Sans eux, j'aurais sombré dans les profondeurs de ma détresse. Pendant ces onze années de tourments, ils furent mes protecteurs, mes confidents. Leurs pattes douces pansèrent mes plaies visibles et invisibles, leurs ronronnements chassaient les ombres étouffantes de la solitude. Ils m'ont donné un amour inconditionnel, sans jugement ni demande.

Aujourd'hui, les fils de cette histoire féline continuent de tis-

5. Chatuis : nom choisi par l'auteure pour exprimer sa communication avec les félins, sans miaulement, puisque les chats ne miaulent pas entre eux. Ils discutent pourtant beaucoup. Voir son autobiographie : À l'école des chats, quand les animaux nous rendent humains, Louise Courteau.

ser ma vie. Leur pouvoir de guérison, leur présence apaisante, restent en moi, intacts. Je rêve que ces petits félins, avec leur sagesse silencieuse, puissent apporter un jour leur réconfort à mes futurs élèves. Qu'ils murmurent à leur cœur brisé : « Tu n'es pas seul, nous sommes là ».

Touchée au plus profond de son être, Céline écoute, son cœur se serrant devant la résilience d'une femme qui, malgré tant de douleur, se tient debout. Chacun de mes mots résonne comme une note douloureuse, une symphonie de survie et d'espoir. Elle écoute, suspendue à cette voix marquée par la souffrance, mais vibrante de vie.

Avec une émotion à peine maîtrisée, je poursuis en parlant longuement de mon père adoptif, Jean. Cet homme au cœur immense, à la patience sans limite, fut bien plus qu'un guide. Il fut mon phare, ma boussole, mon roc. C'est grâce à lui que j'ai découvert l'éducation, la culture, la douceur de vivre. Jean a su réveiller en moi mon humanité, panser mes plaies invisibles, réchauffer les coins les plus sombres de mon âme. Il était là, stable et rassurant, à chaque tournant de ma vie. Comme un chat sauvage qui apprend à faire confiance, j'ai fini par me laisser approcher par cet homme à la voix douce, au regard bienveillant. Grâce à cet amour paternel et filial créé dans les silences et les gestes simples, je réussis à transcender mes traumatismes, à me reconstruire.

Après cette confession intime, unies par le fil de mon histoire, Céline et moi décidons de mettre en commun nos idées, nos rêves et nos espoirs. De cette collaboration naît la classe de CM1/CM2 « Vers la sixième en douceur », une passerelle vers un avenir meilleur, un lieu où chaque enfant pourra trouver refuge et réconfort, tout comme je l'ai trouvé dans les bras aimants de Jean. La rentrée approche, et avec elle, une nouvelle page de ma vie est prête à s'écrire, marquée par la résilience, l'amour et l'espoir.

Chapitre 3

Les débuts de la collaboration

– Par quoi débutons-nous ? demande Céline, plus enthousiaste que jamais.

Je lui réponds avec un sourire malicieux :

– Ah, les méandres administratifs pour ouvrir une école ! C'est comme escalader l'Himalaya en pantoufles, avec un sac à dos rempli de pierres. En janvier 2013, je me suis lancée dans cette épopée kafkaïenne. J'ai constitué un dossier digne des plus grands romans russes, que j'ai déposé au rectorat d'Aix-Marseille. On m'a demandé de rassembler mes fiches de salaire de la décennie passée dans l'Éducation nationale. Je devais me transformer en archéologue des bulletins de paie, fouillant les strates de ma carrière pour dénicher le précieux sésame. Puis il a fallu sortir l'artillerie lourde : mon master II, mon diplôme de survie dans la jungle universitaire, Bac+5, à croire que j'avais décroché la Lune à la force du poignet.

L'académie, elle, n'a pas fait dans la dentelle. Elle a convoqué mes supérieurs, scruté leurs appréciations, jouant au détective privé sur une piste chaude. « Michèle, sérieuse et appliquée », « Michèle, a le sens du devoir », « Michèle, ne mange pas ses crayons ». Tout y est passé. Et, fin mars, le verdict est tombé : l'autorisation officielle d'ouvrir Candide, ma petite école rebelle, mon oasis d'apprentissage. L'Éducation nationale a donné son feu vert, comme un vieux sage qui hoche la tête en signe d'approbation. Alors, me voilà, prête à embarquer pour cette aventure, à écrire ma propre histoire dans les marges du système. Et si jamais je me perds en route, je demanderai mon chemin aux chats. Eux, au moins, savent toujours où ils vont.

– Est-ce la seule autorisation dont tu as besoin ? interroge Céline.

– Non, dis-je en souriant. L'État ne saurait ouvrir ses portes à quiconque. Il exige, à juste titre, que le dirigeant d'une école soit d'une moralité sans tache, semblable à un livre immaculé. C'est donc au préfet, surveillant vigilant des valeurs républicaines, que j'ai soumis ma requête. Là, dans l'ombre feutrée de son bureau, il a enclenché les rouages de l'enquête, comme un horloger minutieux réglant les engrenages d'un mécanisme complexe. Mon casier judiciaire, ce parchemin de mon passé, a été scruté à la loupe. La gendarmerie de Saint-Saturnin-lès-Avignon, cette sentinelle incorruptible, m'a convoquée. J'ai déposé mon histoire entre leurs mains, espérant qu'elle ne contienne ni tache ni ombre. Enfin, l'autorisation est arrivée, précieuse et solennelle, tamponnée du sceau de la préfecture du Vaucluse. Une clé délivrée pour ouvrir la porte de l'avenir.

– Que te manque-t-il encore ? s'enquiert Céline.

– Un local. J'en ai déjà un à L'Isle-sur-la-Sorgue, en cours d'aménagement. En plus, il est aux normes des Établissements recevant du public (ERP).

– De quoi s'agit-il ?

– Ces règles sont essentielles pour tous les établissements recevant du public. Elles garantissent la sécurité des personnes et la protection contre les incendies. Voici ce qu'il faut savoir :

1. Accessibilité pour les personnes handicapées : les ERP doivent être conçus pour permettre à tous d'y accéder, sans distinction. Cela inclut les rampes, les ascenseurs, et les espaces adaptés.

2. Lutte contre l'incendie : les mesures de prévention et d'intervention en cas d'incendie sont primordiales. Elles visent à protéger les occupants et à limiter les dégâts matériels.

3. Sécurité générale : les ERP doivent respecter des normes de sécurité, notamment en matière d'éclairage, de signalisation, et d'évacuation.

Mon établissement appartient à la cinquième catégorie, car il n'a pas d'internat et accueille moins de trois cents personnes.

– Quand les travaux seront-ils terminés ?

Je hausse les épaules, légèrement hésitante :

– Ils avancent trop lentement... Je crains que l'établissement ne soit pas prêt pour le 1er août prochain.

– Que faisons-nous en attendant ? Demande Céline, pragmatique.

– Je pense qu'il nous faut chercher un autre local d'urgence, au moins pour la rentrée, le temps que les travaux soient achevés.

Aussitôt dit, aussitôt fait. S'engage alors une véritable quête. Nous épluchons les petites annonces, scrutant chaque ligne, chaque recoin du monde virtuel à la recherche de la perle rare. Nos yeux balaient les pages, nos doigts glissent fébrilement sur l'écran, tandis que nos esprits s'accrochent à l'espoir de trouver un endroit convenable. Cependant, la réalité s'impose vite. Les bâtiments aux normes ERP, ces sanctuaires de conformité et de sécurité, sont aussi rares que précieux dans notre région. On nous propose des hangars vastes et froids, de grands espaces vides attendant qu'on leur donne vie, ou des locaux encore à cloisonner, comme des puzzles dont il manque toujours une pièce.

Et puis, il y a les prix. Exorbitants. Des sommes astronomiques qui semblent aussi inaccessibles que des étoiles au firmament.

Notre petite association, encore fragile, doit jongler avec des équations financières qui se dérobent et se compliquent à chaque instant.

Sans autre option, nous nous tournons vers des maisons de particuliers, ces demeures chargées de souvenirs, où les murs ont vu naître des familles et parfois leurs drames. Ces lieux, bien loin des normes ERP, deviennent, pour un temps, les refuges de nos rêves, le berceau temporaire de nos projets.

Ainsi, pris dans cette danse délicate entre contraintes et espoirs, nous avançons. Nous cherchons un havre de paix, un lieu où les normes laisseraient place à l'humain, où nos luttes et nos victoires trouveraient un écho.

Dans cette course effrénée pour dénicher un bâtiment conforme à des règles parfois absurdes, Candide a failli ne jamais voir le jour…

Et pourtant, en ce mois de juin 2013, notre aventure a pris forme dans une maison de Vedène. Une maison au terrain vierge, prête à accueillir les premières couleurs de notre histoire. Pourtant la nature, comme souvent, en avait décidé autrement.

À notre retour, l'horreur nous attendait. Héroïnes malheureuses, nous découvrîmes que nous étions infestées de tiques. Une cinquantaine de ces créatures minuscules s'agrippaient à nos vêtements, à notre peau, comme des ombres voraces. Malgré une inspection rigoureuse, l'une d'elles parvint à me mordre.

C'est alors que Céline entra en scène. Cette fée bienveillante m'emmena dans une pharmacie, où l'employée, les yeux écarquillés, prit conscience de l'ampleur du drame. Elle nous conseilla de consulter un dermatologue en urgence. Cependant, la doctoresse, incrédule, sous-estima la gravité de ma condition, ne voyant là qu'une banale morsure. Mon état empira. Fièvre, courbatures, mon corps luttait désespérément contre une menace invisible : la fièvre boutonneuse méditerranéenne. Cette malédiction transmise par les tiques entraîna une cascade d'horreurs – hépatite, méningite, septicémie, pneumopathie – jusqu'à une pyélonéphrite pour clore ce sinistre ballet. Le 24 juin, l'hôpital devint mon refuge. Plongée dans un coma profond, je naviguais entre la vie et la mort. Les médecins, véritables artisans du miracle, décelèrent finalement la maladie. Lentement, je refaisais surface, quittant la réanimation pour retrouver un semblant de normalité en médecine générale. Ce fut ma force mentale, mon ancre, qui me ramena à la lumière.

Peu après, nous visitâmes un mas isolé en pleine campagne. Ce lieu nous envoûta aussitôt et devint notre future école. Dans ce cadre paisible, entre les pierres anciennes et les champs baignant sous le soleil, nous façonnions nos rêves et tissions nos espoirs. La fin de l'été marqua notre triomphe, une apothéose éclatante. Heureuses et euphoriques, nous nous sentions comme les héroïnes d'un conte moderne.

Logo du Groupe scolaire indépendant Candide

Chapitre 4

Immersion au cœur de la pédagogie Candide et de la ronronthérapie

Une pédagogie dynamique

En ce 1er septembre 2013, nous sommes à la fois fébriles et émerveillées à l'idée d'accueillir nos tout premiers élèves. Ils ne sont que 24,[6] répartis ainsi :

- Vers la sixième en douceur : 6 élèves
- Sixième : 5 élèves
- Cinquième : 3 élèves
- Quatrième : 5 élèves
- Troisième : 5 élèves

Nous avons décidé de retarder l'arrivée des chats, sachant que ces locaux ne seront qu'une étape temporaire, pour une durée maximale de six semaines. Le propriétaire de notre école définitive nous a assuré que les travaux seraient achevés à temps pour les vacances de la Toussaint.

Cette première année scolaire s'ouvre telle une page blanche devant nos élèves. Leurs regards curieux scrutent cette nouvelle aventure, s'imprégnant du rythme de leurs journées et de la cadence des semaines. Que ce soit en primaire ou au collège, tous avancent ensemble au même tempo, guidés par une pédagogie empreinte de joie.

Les cours sont volontairement courts, ne dépassant pas les quarante-cinq minutes. Ils laissent rapidement place aux

6. Tout au long du livre, n'est mentionné que le nombre d'élèves inscrits à la rentrée de septembre, mais les effectifs fluctuent au fil des mois dans une école hors contrat.

séances de devoirs, moments de réflexion profonde, qui durent également quarante-cinq ou quatre-vingt-dix minutes selon la matière. Pourquoi cette brièveté ? La chrono-psychologie, science du temps et de l'attention, nous enseigne que la concentration optimale se situe autour de vingt minutes. Au-delà, il est nécessaire de renouveler l'intérêt pour maintenir l'attention des élèves. Notre pédagogie, dynamique et créative, mélange les approches : réflexion, échanges et exercices pratiques forment une danse harmonieuse.

Durant les cours, une synergie de groupe se forme : les regards s'échangent, les idées se répandent ; lors des devoirs, chacun se retrouve face à lui-même, dans un silence studieux. Tel un alpiniste solitaire, chaque élève gravit les hauteurs du savoir avec détermination.

L'emploi du temps, qu'il soit celui des élèves de « Vers la sixième en douceur » ou des intrépides troisièmes, devient alors le fil conducteur de leurs journées, jalonnant un chemin rigoureux et stimulant vers la découverte et l'accomplissement.

Emploi du temps : Vers la 6e en douceur

Mon Emploi du Temps — Année scolaire 2013/2014 — **Vers la 6e en douceur**

	Lundi	Mardi	Jeudi	Vendredi
8h55	Calcul mental 15 mn + Maths	Calcul mental 15 mn + Maths	Calcul mental 15 mn + Maths	Sciences
9h40	***Prépa dictée***	***Prépa dictée***	***Prépa dictée***	***Dictée***
10h25	Pause			
10h35	Anglais	***Devoirs orthographe***	Littérature ou rédaction	Grammaire
11h20	Orthographe	Espagnol		***Devoirs grammaire***
12h05	REPAS			
13h05	Histoire/géo	Programmation informatique	Conjugaison	***Devoirs histoire / géo***
13h50	Maths	Maths	***Devoirs conjugaison***	
14h35	Pause			
14h45	***Devoirs maths***	***Devoirs maths***	Maths	Théâtre
15h30	Lecture suivie et compréhension	Lecture suivie et compréhension	***Devoirs maths***	
16h15	Rangement de la classe		Rangement de la classe	

Emploi du temps : classe de 3e

Mon Emploi du Temps — Année scolaire 2018/2019 — **3e**

	Lundi	Mardi	Jeudi	Vendredi
8h55	***Dictée/réécriture***	Espagnol	***Rédaction ou devoirs littérature***	Espagnol
9h40	Techno	***Devoirs espagnol***		***Devoirs espagnol***
10h25	Pause			
10h35	Anglais	SVT	Physique/chimie	Maths
11h20	***Devoirs anglais***	***Devoirs SVT***	***Devoirs physique/chimie***	***Devoirs maths***
12h05	Repas			
13h05	Histoire	Maths	Anglais	Programmation informatique
13h50	Géographie/EMC	Littérature	***Devoirs anglais***	Etude de la langue
14h35	Pause			
14h45	Maths	***Devoirs histoire/géo***	Maths	***Devoirs étude de la langue***
15h30	***Devoirs maths***		***Devoirs maths***	
16h15	Rangement de la classe		Rangement de la classe	

Nos emplois du temps, telles des partitions musicales, se dessinent avec une touche d'originalité. Les taux horaires,[7] ces obligations imposées par le ministère de l'Éducation nationale, sont respectés pour chaque matière. Cependant, une harmonie singulière s'invite : les temps de devoirs, moments d'introspection, se mêlent aux cours. Imaginez : les apprenants, tels des danseurs étoilés, travaillent en permanence avec leur professeur. Cette complicité transcende les murs de la classe. Ce n'est pas le cas dans le système classique, où l'élève, funambule solitaire, réalise ses devoirs seul à la maison.

Dans notre approche, c'est une chance, une douce mélodie, le fait que nos étudiants soient soutenus par l'adulte qui maîtrise le mieux la discipline, un guide des savoirs, qui connaît les possibilités et les limites de ses élèves. Ainsi, nous tissons des liens, des accords qui résonnent dans les couloirs de notre école.

Les programmes, identiques à ceux de l'enseignement classique, se déploient dans une harmonie familière. Cependant, les cours, loin de s'épanouir en une prose spontanée, prennent naissance à partir du manuel scolaire. Pourtant, une particularité intrigue : les élèves, plume en suspens, ne tracent nulle ligne sur le papier. Cette abstention peut sembler étrange, car elle ébranle nos habitudes, la répétition scrupuleuse des cours sur les pages d'un cahier. En effet, avec une audace éclairée, j'ai choisi de bannir cette coutume, car je sais qu'elle favorise davantage la dispersion que la concentration sur l'essentiel. L'acte d'écouter l'enseignant, de lire et de recopier la leçon inscrite au tableau, bien que familier, entrave l'efficacité de l'élève. Ces tâches multiples imposent une charge cognitive considérable, sollicitant la mémoire de travail au-delà de ses limites. Chaque

7. Volumes horaires des enseignements obligatoires applicables aux élèves du niveau sixième de collège par exemple. Source : https://www.education.gouv.fr/les-horaires-par-cycle-au-college-9884

exécution, comparée à une tâche simple isolée, nécessite un surplus de 40 % de temps. Dans la pédagogie Candide, les enfants écoutent et observent ensemble des extraits de textes et des images tirés d'un manuel scolaire. Ces supports, enrichis par les éclaircissements du professeur, incitent les apprenants à participer oralement. Certaines matières, par leur nature, suscitent des débats, des échanges d'opinions. Tout cela est encouragé, car il nourrit l'esprit critique, stimule l'analyse et éveille la réflexion.

Le choix de privilégier l'écoute et la discussion orale est en partie motivé par les résultats inquiétants des élèves français en lecture et en orthographe. Le rapport PIRLS (Progress in International Reading Literacy Study) ainsi que les tests de dictée du ministère de l'Éducation nationale, publiés en novembre 2016,[8] confirment une baisse constante du niveau scolaire des jeunes Français. En 2021, les écoliers ont maintenu leurs résultats, mais sans pour autant améliorer leurs performances.[9]

Suprême de langue

L'état de l'orthographe en France ne cesse de se dégrader. En 2015, 19,8 % des élèves testés faisaient au moins vingt-cinq fautes en orthographe, contre seulement 5,4 % en 1987. Un article de Ouest-France, daté du 6 décembre 2022, décrit cette baisse du niveau d'orthographe chez les élèves de CM2 comme un problème de plus en plus criant.[10] Pour contrer cette

---

8. Direction de l'évaluation, de la prospective et de la performance (DEPP), *Les performances en orthographe des élèves en fin d'école primaire* (1987, 2007, 2015), note d'information n°28, novembre 2016.
9. Source :https://www.education.gouv.fr/pirls-2021-la-france-stabilise-ses-resultats-contrairement-aux-autres-pays-europeens-majoritairement.
10. Le niveau en orthographe des élèves de CM2 en baisse, selon une étude du ministère de l'Éducation, *Ouest-France*, 6 décembre 2022.

tendance, nous accordons une attention particulière à l'étude de la langue à tous les niveaux de notre établissement.

Chaque semaine, nos élèves bénéficient de plusieurs cours de grammaire, de conjugaison, et d'orthographe. Ils appliquent ces notions à travers une série d'exercices conçus pour développer des automatismes dans l'expression écrite. Ce contraste est flagrant avec le système classique, où il n'est pas rare de voir des aberrations telles que des élèves de sixième qui n'ont pas encore commencé les cours de conjugaison au mois de mai ! Pire encore, la dictée, ce pilier de l'apprentissage, est souvent négligée. Au lieu de véritables phrases qui ont du sens et respectent la logique grammaticale, les enseignants se contentent de listes de mots déconnectés, que les enfants doivent mémoriser sans contexte. C'est une dérive éducative que nous dénonçons avec véhémence. Il est temps de réhabiliter l'enseignement de la langue française dans toute sa richesse et sa complexité.

À Candide, nous privilégions la dictée de phrases cohérentes, qui permettent aux élèves de comprendre l'importance de l'orthographe et de l'application des règles de grammaire. Cet exercice se pratique chaque semaine, que ce soit au primaire ou au collège, car c'est seulement par une pratique régulière que l'on peut espérer un progrès significatif.

À Candide, nous comprenons que savoir écrire est un pilier essentiel de l'enseignement. Dès la fin du CM1, nos élèves commencent à développer leurs compétences rédactionnelles. Cette compétence, cultivée avec soin, s'épanouira au lycée pour se métamorphoser en dissertation. Dès la sixième, ils sont capables de rédiger un devoir structuré avec une introduction, deux paragraphes avec alinéas et connecteurs logiques terminé par une conclusion.

Les résultats de lecture en France sont également préoccupants : les élèves français obtiennent un score inférieur à la moyenne européenne, avec 514 points contre 527.[11] Un test réalisé en septembre 2020 sur environ 29 000 élèves entrant en sixième démontre le phénomène suivant concernant la vitesse de lecture : « Seuls 53,4 % des élèves atteignent le score moyen de « fluence ». (...) Ils sont même 15,4 % à ne pas atteindre le score attendu en fin de CE2.[12] »

Ces difficultés, si elles ne sont pas corrigées rapidement, mènent souvent à l'échec scolaire. À Candide, nous avons intégré des modules de fluence de lecture dans les temps de travail, pratiqués de manière systématique tous les jours. Lire avec vitesse et intonation est essentiel pour accéder à une compréhension approfondie du texte. Ces séances de lecture chronométrée, très appréciées des enfants, les aident à améliorer leur fluidité.

Dans notre emploi du temps, la compréhension de l'écrit est également abordée à travers divers types de textes : littéraires, documentaires, poétiques, articles de journaux, modes d'emploi, recettes, règles du jeu, etc. Cette diversité permet aux élèves d'acquérir une compétence de lecture polyvalente, essentielle dans notre monde d'information.

La même rigueur que nous appliquons en français se retrouve dans l'enseignement des mathématiques. Nous insistons sur le fait qu'une notion n'est assimilée que si elle est travaillée de manière régulière et approfondie. Ainsi, dès les petites classes, nous intégrons quinze minutes de calcul mental par jour (ou par créneau de maths au collège), afin de créer des automatismes solides en mathématiques.

Enfin, la deuxième langue étrangère est introduite dès le CM1. Notre établissement est bilangue, ce qui signifie que les enfants

---

11. https://www.vie-publique.fr/eclairage/19539-resultats-des-eleves-la-france-et-le-classement-pisa-2022
12. Corbier, M.C., À l'entrée en sixième, près d'un élève sur deux n'a pas le niveau de fluidité requis en lecture, *Les Échos*, 10 novembre 2020.

étudient deux langues étrangères dès le début comme langues vivantes. Cela permet à nos élèves, au moment de passer le brevet, de choisir celle dans laquelle ils excellent, soit l'anglais, soit l'espagnol.

Oui à la liberté de choix artistique et sportif

Dans l'approche pédagogique de Candide, l'éducation artistique et sportive n'est pas imposée, mais choisie librement par l'enfant et sa famille. Cette méthode est une réponse à des expériences personnelles marquées par l'ennui des cours obligatoires de sport et de musique à l'école, transformées plus tard en passion à l'âge adulte. À Candide, les élèves ne subissent pas un programme artistique ou sportif rigide. Tous les cours prennent fin à 16 h 15, sans devoirs à la maison, et le mercredi est laissé vacant. Cette flexibilité permet aux élèves de s'épanouir dans des activités choisies librement.

L'histoire de Clotilde illustre parfaitement cette philosophie. Privée de temps pour les activités de son choix dans le système classique, elle profite de sa scolarité à Candide pour rattraper ce temps perdu. Chaque année, elle choisit de nouvelles activités qui la passionnent : piano et poterie, judo et dessin, etc. Cette diversité et liberté de choix favorisent non seulement le développement de compétences multiples, mais aussi une joie et une motivation renouvelées.

Dans le système éducatif classique, le manque de temps devient un obstacle insurmontable pour de nombreuses familles. Les devoirs, le rythme scolaire effréné, et les exigences académiques ne laissent que peu de place aux activités extra-scolaires et aux moments de qualité en famille. Beaucoup de parents expriment leur frustration face à cet équilibre difficile à maintenir, où il faut choisir entre le suivi des études et les activités enrichissantes.

À Candide, la liberté de choisir permet aux enfants de découvrir leurs talents. Lorsqu'ils trouvent une pratique artistique ou sportive, ils s'épanouissent et libèrent leur créativité. Nous assistons à des moments magiques : des élèves jouant du violon, s'initiant aux percussions, ou s'illustrant dans des compétitions sportives. Ces réussites montrent combien de talents peuvent rester enfouis dans le système classique, étouffés par l'absence de temps et de choix.

Non aux devoirs aliénants

Les devoirs à la maison représentent un défi pour de nombreuses familles. Selon une étude de Daniel Jecker et de Marc Weisser, chercheurs en sciences de l'éducation et de la communication en 2015 : « Bien entendu, même lorsque les parents ont connu une scolarité limitée ou ont traversé des épreuves durant leur propre parcours éducatif, leur vigilance à l'égard de l'avenir de leur enfant demeure inébranlable. Ils se tiennent prêts à s'investir pleinement dans les tâches éducatives que l'école propose, avec une attention soutenue et une détermination sans faille. »[13] Cependant, les devoirs, censés être un prolongement de l'apprentissage en classe, peuvent exacerber les inégalités. Tous les élèves n'ont pas la chance de disposer d'un environnement de travail propice à la maison, et ceux issus de milieux défavorisés sont les plus touchés.

L'Organisation de coopération et de développement économiques (OCDE), s'appuyant sur le rapport Pisa 2012,[14] déclare : « Les devoirs représentent une possibilité supplémentaire d'apprentissage ; toutefois, ils sont susceptibles de creuser les inégalités socio-économiques dans les résultats des élèves.

---

13. https://journals.openedition.org/questionsvives/1725#tocto2n2 – Paragraphe 32
14. Source : https://www.oecd.org/pisa/pisaproducts/pisainfocus/pisa-in-focus-46-(fr)-rev-june%202015.pdf.

Les établissements d'enseignement et les enseignants devraient trouver les moyens d'encourager les élèves en difficulté et défavorisés à faire leurs devoirs. » Les enfants qui n'ont pas accès à un soutien parental ou à un environnement adéquat pour faire leurs devoirs se trouvent désavantagés. Ce constat montre l'importance d'envisager des solutions plus équitables.

À Candide, les devoirs nécessaires au renforcement des connaissances et au développement des compétences sont réalisés en classe, avec le soutien direct des enseignants. Ces derniers, mieux à même de comprendre les attentes académiques, accompagnent les élèves dans leur travail. Cette méthode permet d'assurer un accompagnement égal pour tous les élèves, indépendamment de leur situation à domicile, et d'éviter que les devoirs ne deviennent une source de stress ou d'inégalité.

Le par cœur de la modération

À Candide, nous évitons de demander aux élèves d'apprendre leurs leçons par cœur, car cette méthode sollicite principalement la mémoire à court terme et n'encourage pas une compréhension approfondie. Un exemple tiré de mon expérience dans le système classique illustre cette problématique : j'ai un jour demandé à une élève de sixième de réciter par cœur Le Loup et l'Agneau de Jean de La Fontaine, un exercice imposé par l'Éducation nationale. Après une brillante récitation qui lui a valu un 20/20, je lui ai demandé de m'expliquer le sens de la fable. Elle en était incapable, prouvant que l'apprentissage par cœur n'avait pas permis une véritable assimilation du contenu.

Cela dit, il existe des cas où la mémorisation par cœur est indispensable, comme pour l'apprentissage du vocabulaire en langue étrangère, la conjugaison, ou encore les tables de multiplication. À Candide, ces moments sont les seules exceptions où les élèves doivent apprendre par cœur, en suivant la pensée du pédagogue Célestin Freinet : « Feu rouge pour l'étude mécanique et par cœur de textes ou de récitations qu'on ne comprend pas. »[15]

Plutôt que de réciter par cœur, nous encourageons nos élèves à développer leurs compétences de recherche et de réflexion. Pendant les périodes de devoirs, les élèves ont accès à tous les outils nécessaires : livres ouverts, dictionnaires, aide-mémoire, ou même recherches sur Internet accompagnées d'un adulte. Les exercices sont conçus comme des enquêtes, où l'élève devient l'acteur principal de son apprentissage. L'enseignant n'est plus seulement celui qui « verse le savoir « comme un arrosoir sur une plante, mais plutôt un guide qui aide l'élève à explorer, chercher et trouver les ressources nécessaires pour compléter ses devoirs. Cette méthode d'apprentissage active permet aux élèves de mieux retenir les informations, contrairement au bachotage traditionnel.

L'approche Candide nous permet de clore les séquences de travail dès la mi-mai chaque année, bien avant la fin de l'année scolaire. À l'inverse, dans le système classique, les classes surchargées contraignent les enseignants à consacrer un temps précieux à la gestion de la discipline et à la révision des notions mal assimilées, compromettant ainsi l'atteinte des objectifs du programme.

En dépit de notre principe d'absence de devoirs à la maison, nous restons ouverts aux besoins et désirs des élèves. Certains, comme Jérôme, expriment leur envie de travailler chez eux. Après mûre réflexion, nous avons décidé de leur offrir cette possibilité. De nombreux élèves choisissent alors de s'engager volontairement dans des projets personnels à domicile, créant des exposés soignés et exhaustifs. Ces travaux témoignent de leur passion et de leur ardeur pour l'apprentissage.

15. www.icem-pedagogie-freinet.org/les-invariants-pedagogiques

Des enfants légers, légers...

Pas de devoirs à la maison signifie également pas de cartable lourd. Dans de nombreuses écoles, les cartables des élèves de sixième pèsent en moyenne 8,5 kg, soit 20 % du poids de l'enfant, alors que le ministère de l'Éducation recommande de ne pas dépasser 10 %. Ce poids excessif entraîne des conséquences physiques : douleurs au cou, au dos, et aux genoux.[16] À Candide, nous respectons la santé physique des élèves : tout le matériel reste en classe, allégeant ainsi leur quotidien.

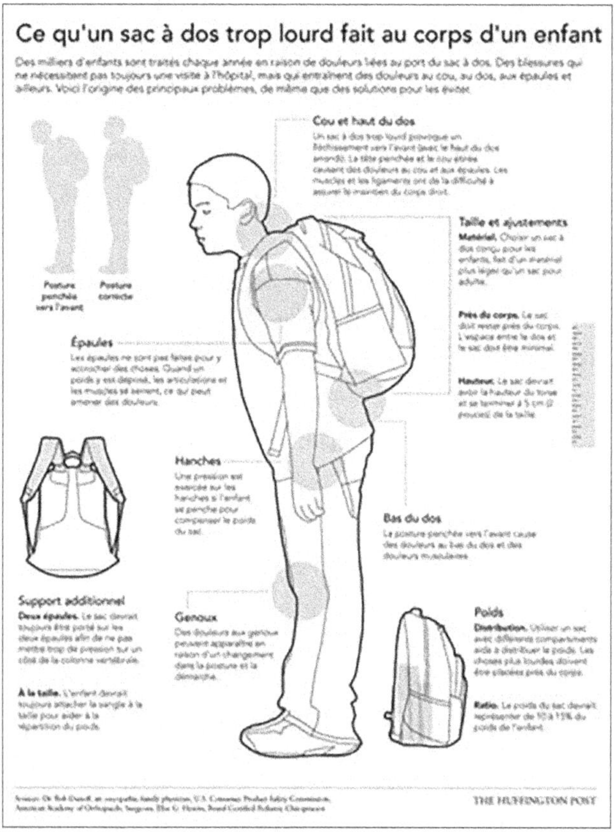

16. Roche, M., *Ce qu'un sac trop lourd a comme conséquences sur le corps d'un enfant*, *The Huffington Post*, 2019.

Initialement, nous avions envisagé de mutualiser le matériel scolaire en fournissant à chaque élève une trousse garnie. Cependant, cette approche s'est heurtée à des réalités inattendues : en quelques jours, le matériel était dans un état déplorable, avec des gommes en lambeaux, des bâtonnets de colle épuisés, et des pages de manuels déchirées. Certains élèves allaient même jusqu'à utiliser des briquets pour fondre des règles en plastique et en faire des sculptures. Cette situation nous a contraints à changer de stratégie : les fournitures doivent désormais être achetées par les familles, ce qui a considérablement augmenté leur longévité.

Le soin de soi

Dans la pédagogie Candide, le soin apporté aux travaux scolaires est un élément fondamental qui va bien au-delà de la simple présentation. En effet, un devoir soigné reflète l'engagement de l'élève et témoigne de son respect pour lui-même et pour son enseignant. Contrairement au système classique, où la forme semble avoir perdu de son importance, nous insistons sur le fait que chaque travail doit être rendu de manière impeccable.

Quand un élève prend le temps de soigner son travail, il en retire une satisfaction personnelle, celle d'un travail bien accompli, et bénéficie d'une meilleure lisibilité qui facilite la relecture. À l'inverse, un devoir bâclé peut susciter un préjugé défavorable de la part de l'enseignant. De plus, si le texte est difficile à déchiffrer, il est probable que l'enseignant, lassé, pénalise l'élève. Ainsi, la question du soin est cruciale : elle est le miroir de l'investissement de l'élève dans son apprentissage.

Dès leur jeune âge, les élèves de Candide apprennent à prendre le temps nécessaire pour produire un travail de qualité : souligner les titres, aérer leurs pages, respecter les sauts de lignes, se relire et corriger leurs fautes d'orthographe. Nous mettons en place des « copies modèles « dans toutes les classes, qui servent de référence et de guide. Grâce à cette méthode, chaque élève acquiert des compétences essentielles pour affronter les défis de l'écriture avec confiance et rigueur.

Encourager les productions personnelles d'écriture

À Candide, nous croyons fermement que la créativité est un aspect central de l'apprentissage. Elle permet aux élèves de développer non seulement leurs compétences académiques mais aussi leur sensibilité et leur imagination. Voici quelques méthodes que nous utilisons pour stimuler la créativité dans l'écriture :

1. Liberté d'expression : les élèves sont encouragés à exprimer librement leurs pensées, sans crainte de jugement. Chaque idée est valorisée.
2. Exercices d'écriture créative : des exercices tels que l'écriture de poèmes, de contes, ou de petites pièces de théâtre sont régulièrement proposés pour libérer l'imagination.
3. Lecture inspirante : les élèves sont exposés à une diversité de textes littéraires, ce qui nourrit leur créativité et les inspire à explorer différentes techniques d'écriture.
4. Ateliers d'écriture : ils permettent aux élèves de partager leurs productions, de recevoir des retours constructifs et d'apprendre les uns des autres dans un esprit collaboratif.
5. Encouragement à l'originalité : nous valorisons l'originalité et incitons les élèves à développer leur propre voix en écriture.

En favorisant un environnement où la créativité est non seulement permise, mais aussi encouragée, nous espérons que les élèves produisent des écrits qui reflètent leur compréhension académique et leur individualité.

Boire, c'est savoir : l'hydratation et le bien-être scolaire

Enfin, la pédagogie Candide ne serait pas tout à fait complète si elle ne prenait pas en considération les impératifs physiologiques. Notre cerveau, cette merveilleuse machinerie, est constitué de 75 à 80 % d'eau. Il est le premier à ressentir les affres de la déshydratation. Des recherches scientifiques ont établi un lien indéniable entre l'hydratation et les effets bénéfiques sur la mémoire et l'attention visuelle. Ainsi, boire n'est pas seulement une nécessité vitale, c'est aussi un geste essentiel pour maintenir notre cerveau en pleine forme.[17] Ainsi, à Candide, nous encourageons vivement la consommation d'eau tout au long de la journée, une pratique simple mais essentielle pour stimuler les performances cognitives. Boire de l'eau devient alors non seulement une nécessité physique, mais aussi un geste intellectuel pour optimiser les performances cognitives.

Un autre aspect crucial de notre approche du bien-être des élèves concerne les installations sanitaires. En France, il est alarmant de constater que huit enfants sur dix préfèrent se retenir que d'utiliser les toilettes de l'école, et un collégien sur trois n'y va jamais pendant la journée. Un constat qui, au-delà de son aspect anecdotique, soulève des questions sur le confort et le bien-être de nos jeunes dans le cadre scolaire.[18] Cela peut entraîner des problèmes de santé tels que des cystites, des infections urinaires, et autres désagréments physiques.

Pour répondre à ces besoins physiologiques fondamentaux, à Candide, nous nous assurons que les toilettes sont propres et bien approvisionnées en papier hygiénique. Les élèves, bien que surpris par ce confort inhabituel, s'y montrent respec-

---

17. Edmonds J., Burford D., *Should children drink more water? The effects of drinking water on cognition in children*, pubmed, 2009.

18. Leturcq E., *Les toilettes à l'école, c'est important*, *1 jour, 1 actu*, 19 novembre 2019.

tueux. Cependant, nous restons vigilants pour éviter que les visites aux toilettes ne deviennent une échappatoire prolongée aux cours !

Vous avez dit « ronronthérapie » ?

Les travaux de psychanalystes comme Winnicott ou Bowlby ont montré l'importance du toucher dans le développement de l'attachement chez les bébés. Le rôle des animaux dans le développement émotionnel des enfants a également été largement étudié.

Le concept de la ronronthérapie, bien que le nom puisse sembler léger, repose sur des recherches sérieuses. Le Pr Jean-Yves Gaucher, vétérinaire, a étudié les effets thérapeutiques des chats, démontrant leur impact positif sur la détente, le stress, l'insomnie et la déprime. À Candide, la présence des chats contribue de manière significative à réduire le stress des élèves, favorisant ainsi un climat propice aux apprentissages.

Ainsi, à travers la pédagogie et l'environnement stimulant de Candide, nous nous efforçons de répondre aux besoins uniques de chaque élève, qu'ils soient précoces ou non, tout en intégrant des éléments qui favorisent leur bien-être général. L'explication la plus complète pour les personnes non scientifiques est donnée par Bernard Werber : [19]

Le mot « ronronthérapie » a été inventé par le vétérinaire toulousain Jean-Yves Gaucher en 2002. Il s'est aperçu que les vibrations des chats sur des basses fréquences de 20 à 50 Hz non seulement avaient un effet apaisant, mais accéléraient aussi la réparation des os brisés (les os se ressoudent trois

19. Werber B., *Sa majesté des chats*, Éditions Albin Michel, 2019, p. 321-322. Cette définition a été reprise par Michèle Bourton dans son autobiographie *À l'école des chats, quand les animaux nous rendent humains*, Éditions Louise Courteau, 2021, p. 167-168.

fois plus vite dans ces circonstances), des muscles déchirés, et hâtaient de manière significative la cicatrisation.

En effet, le ronronnement des chats induit chez l'homme la production de sérotonine, une hormone qui agit sur la qualité du sommeil et sur l'humeur.

Jean-Yves Gaucher a aussi découvert que le ronronnement des chats réduisait la fatigue ou permettait de mieux récupérer après un voyage en avion.

Selon ce chercheur, les chats repèrent, grâce à nos phéromones (molécules odorantes diffusées entre autres par notre sueur), quand nous n'allons pas bien et ils ont spontanément envie de nous apporter du réconfort. Le ronronnement absorbe toutes nos énergies négatives et nous permet d'être de meilleure humeur. Le ronronnement entraîne la production d'endorphines cérébrales euphorisantes (via les récepteurs appelés « corpuscules de Paccini », que nous avons tous sur la paume de nos mains), mais agit aussi directement sur nos gènes par une action électromagnétique (notamment en influant sur les gènes du cortisol, notre antidouleur naturel, en augmentant la production de cellules souches régénérant les tissus).

Ronronthérapie et applications thérapeutiques

À l'heure actuelle, la ronronthérapie, cette technique de bien-être inspirée des félins, se révèle être une approche innovante pour apaiser divers maux physiques et émotionnels. Les kinésithérapeutes, véritables alchimistes modernes, utilisent le ronronnement des chats comme un « baume » apaisant pour traiter les tendinites, les douleurs vertébrales et accélérer la cicatrisation osseuse. Dans les maisons de retraite, ces havres de paix pour nos aînés, la ronronthérapie devient de plus en plus courante, cultivant des environnements où les résidents trouvent un réconfort inattendu.

Jean-Yves Gaucher, vétérinaire et expert en ronronthérapie, explique que les vibrations émises par le ronronnement des chats ont des effets bénéfiques sur la santé mentale et physique des personnes âgées. Ces vibrations agissent comme une douce mélodie qui aide à organiser la pensée et à recentrer les individus, un peu comme un chef d'orchestre dirigeant une symphonie. Il est important de noter que les pouvoirs thérapeutiques des chats ne se limitent pas à leur ronronnement : certains chats, bien que peu enclins à ronronner, possèdent toujours ces capacités « magiques », comme un magicien capable de réaliser ses tours sans paroles.

À Candide, nous croyons que l'éducation va au-delà des simples compétences académiques. Notre école offre un environnement éducatif où le respect de soi, le bien-être et l'épanouissement personnel sont au cœur de l'apprentissage. À Candide, nous observons, dès l'accueil des tout premiers chats, que leur présence accroît le sentiment de sécurité chez les enfants et participe à l'allègement de leur stress. Ainsi détendus, nos élèves ne craignent plus de s'engager dans les apprentissages, de prendre la parole ou d'exprimer leur avis.

Chapitre 5

La première année

Des débuts mémorables

Lors de notre première rentrée, notre équipe se compose comme suit :

- Jules, professeur de mathématiques (le seul rémunéré) ;
- Christelle, surveillante et aide aux devoirs ;
- Noëlle, professeur de théâtre et d'espagnol ;
- Soumia, secrétaire et surveillante ;
- Salima, professeur d'anglais ;
- Céline et Michèle, professeurs polyvalents pour tous les niveaux.

Dans cette danse éducative et culturelle qu'est Candide, je joue le rôle de directrice, orchestrant les mouvements et les rythmes de notre établissement. Mon père, Jean, est le président de l'association, guidant notre navire avec sagesse et détermination à travers les eaux parfois tumultueuses de l'éducation.

Sur le papier, notre équipe semble être une symphonie parfaitement orchestrée. En réalité, notre naïveté, aussi grande que l'Everest, nous pousse à réorganiser notre belle harmonie plus rapidement qu'un chef d'orchestre ne change de baguette. Aujourd'hui, nous en rions comme si nous avions assisté à une comédie burlesque, mais à l'époque, c'était plutôt un drame shakespearien.

Dès la première semaine, Jules, notre cher professeur de maths, décide de donner un cours magistral en traitant ses élèves de « cons », malgré sa formation à la pédagogie Candide. De plus, il se voit déjà en haut de l'affiche, directeur de l'école et président de l'association. Un vrai visionnaire ! Ou plutôt un rêveur éveillé. Les jeunes, effrayés, le perçoivent comme un personnage de film d'horreur. Après quinze jours de ce spectacle, nous lui proposons un rôle plus adapté : celui de spectateur. Nous engageons Sarah, en espérant qu'elle comprendra mieux le concept d'une école.

Noëlle, de son côté, semble avoir transformé l'école en une version miniature du Club Med. Forte de son expérience dans une école alternative, elle a du mal à distinguer une salle de classe d'une tente de camping. Elle finit par disparaître avec Christelle dans un périple vers le pays de Nulle Part. Les cartes postales sont toujours attendues.

Quant à Soumia, notre secrétaire, elle semble en conflit avec la productivité. En trois semaines, aucun document administratif n'a été produit. Lorsque je lui demande d'imprimer une dizaine d'exemplaires avec notre photocopieur flambant neuf, elle se plaint d'être débordée, comme si on lui demandait de courir un marathon. Grande adepte de la Communication Non Violente (CNV), elle l'applique de manière peu conventionnelle en hurlant sur sa fille, scolarisée chez nous. Après une semaine particulièrement « laborieuse », elle quitte l'établissement, sa fille sous le bras, comme une diva quittant la scène. Nous avons tous poussé un soupir de soulagement.

Sympathiques adolescents

Céline, fraîchement formée et débordante d'enthousiasme, se lance avec bonheur dans l'enseignement des classes de troisième. Lors de sa première séance, un élève brise le silence avec un tonitruant : « Tais-toi, sale pute ! » Pour une première immersion, c'est... disons... haut en couleur.

Il est indéniable que pour avoir la possibilité d'ouvrir les portes de l'école, nous n'avons pas mis en place une sélection rigoureuse des élèves lors de leur inscription. En effet, en l'absence de soutien financier, nous sommes contraints de rémunérer Jules et de couvrir nos charges. Par conséquent, nous avons accueilli des adolescents loin d'être animés par une véritable motivation, flirtant avec la délinquance, souvent trop gâtés et soutenus dans leurs écarts de conduite par des parents au bord du désespoir. C'est une réalité difficile à accepter, mais nécessaire pour envisager des solutions adaptées.

Dans la classe de troisième, Noé, un adolescent de 15 ans aux proportions dignes d'un joueur de basket, préfère faire la sieste plutôt que de suivre les cours. Son camarade, quant à lui, confond l'école avec un ring de boxe, agressant verbalement et physiquement ceux qui ne partagent pas son avis. Son père, médecin, est le premier à critiquer l'école, persuadé que son fils est une merveille.

Éric, dont le parcours scolaire ressemble à un champ de bataille, continue sur cette voie chaotique, encouragé par ses parents. Ce jeune homme est violent, tout comme son père qui, dans un élan de « tendresse paternelle », n'hésite pas à le gifler un jour devant l'établissement. Cette scène conduit à l'exclusion d'Éric, tandis que son père nous menace de mort.

Safa et Issam, les deux étoiles de notre classe, apportent un peu de lumière dans cet environnement difficile. Safa, notre unique représentante féminine en troisième, est une perle, calme comme un moine zen, mais avec un niveau scolaire ne dépassant pas celui de l'école primaire. Issam, son frère et seul élève de seconde à l'essai, est le rayon de soleil de notre quotidien. Toujours prêt à faire rire avec une blague ou une grimace, il semble avoir oublié que l'école n'est pas une émission de télé-réalité, mais un lieu d'apprentissage. Ne vous inquiétez pas, nous croyons qu'un jour, il découvrira les livres de cours et nous serons tous ébahis par ses capacités.

La force de la motivation

Dans les classes inférieures, où s'épanouissent les jeunes pousses, règne une harmonie remarquable. Ces élèves, encore en pleine croissance, sont animés d'une motivation sans bornes et d'une soif d'apprendre insatiable.

Parmi eux, nous accueillons aussi des enfants dont le parcours scolaire a été plus complexe, notamment ceux issus des classes Ulis.[20] C'est le cas de Karl, un jeune colosse au cœur tendre qui, à ses douze ans, ne peut plus être accueilli dans l'école primaire publique. Sa mère, cependant, hésite à l'orienter vers une classe Ulis au collège. Nous choisissons de relever ce défi avec espoir.

Lors de son inscription, nous proposons de l'intégrer à notre classe spéciale « Vers la Sixième en Douceur », un espace conçu comme un cocon bienveillant où chaque élève peut progresser à son rythme. Pour Karl, c'est une opportunité de découvrir de nouveaux horizons.

Ce doux géant est un tableau vivant de contradictions. Sa stature imposante contraste avec la douceur de son âme. Sa gentillesse est un baume apaisant dans le tumulte de la classe. Derrière sa discrétion se cache une volonté farouche de découvrir et d'apprendre. Il est proche des adultes, cherchant leur attention qu'il apprécie profondément. Karl se distingue par sa diligence et son sérieux, notamment dans l'écriture, un domaine où il excelle. Ses devoirs soignés reflètent son engagement et son sourire croissant témoigne de sa transformation. Semaine après semaine, Karl surmonte ses lacunes, grimpant avec détermination les échelons de la connaissance.

Nous sommes convaincus qu'il pourra entrer en sixième l'année prochaine. Il exprime régulièrement sa gratitude envers

---

20. Les Ulis (Unité localisée pour l'inclusion scolaire) sont des classes particulières pour la scolarisation d'élèves en situation de handicap. Elles ont remplacé les Clis (Classes pour l'inclusion scolaire).

Candide pour le bonheur qu'il ressent chaque jour, une sincérité qui nous touche profondément. Après quatre années dans notre établissement, Karl a pu choisir de se former au métier dont il rêvait : l'horticulture. Sa réussite aux examens est une victoire qui nous remplit de fierté. Karl est la preuve vivante que chaque enfant possède le potentiel pour réaliser ses rêves, une leçon précieuse pour nous tous.

Vive les parents !

Jusqu'à la mi-octobre, l'attitude des parents oscille entre irritation et compréhension. Certains craignent l'exclusion de leurs enfants, leur présence n'étant souhaitée dans aucune autre école. D'autres s'inquiètent de la délinquance parmi certains élèves, considérant chaque enfant comme une potentielle source de problème.

La situation est tendue, comme une corde de guitare prête à se rompre. Nous peinons à faire comprendre aux parents qu'au sein de notre établissement, même si les enfants doivent être heureux d'apprendre, des règles sont nécessaires pour garantir un travail de qualité. Les critiques croissantes parmi les parents se transforment en un chœur discordant.

Nous organisons une réunion le dernier jour avant les vacances de la Toussaint pour rappeler que Candide est une école où l'effort et la politesse sont essentiels. Nous appelons les parents à assumer leur rôle et à soutenir les exigences de l'établissement.

Lors de cette réunion, nous procédons également à un vote pour décider de l'avenir de Candide. Les parents, conscients des enjeux, votent à l'unanimité pour la continuation du projet. C'est un moment de soulagement et de victoire pour nous. Candide restera ouvert, et nous continuerons à œuvrer pour l'éducation de nos élèves. C'est là, après tout, notre mission la plus noble.

Nous informons également les parents que le projet d'aménagement des locaux à L'Isle-sur-la-Sorgue est encore loin de se concrétiser. Plus déconcertant, le maire a opposé un refus catégorique en raison de malversations passées du propriétaire. Face à cette impasse, les parents nous offrent leur aide pour trouver un autre local.

De notre côté, nous nous engageons à être plus vigilants lors du recrutement des adolescents. Ces premières semaines sont une leçon précieuse, nous permettant de reconnaître nos limites et celles de notre structure. C'est une période d'apprentissage, de croissance et d'adaptation pour mieux servir nos élèves et notre mission éducative. Nous ne sommes pas une institution de redressement, ni une forteresse éducative capable de soutenir des individus dont les besoins excèdent les limites du cadre scolaire traditionnel. Nous ne remplaçons pas non plus les services médico-sociaux pour les enfants avec des handicaps lourds.

La présence d'AVS[21] dans nos classes nous est refusée, étant donné que nous sommes hors contrat. Sans personnel spécialisé, nous nous trouvons comme un navire sans équipage. Pour garantir la cohérence de notre projet et l'intégrité de notre mission, nous devons offrir une réponse honnête aux futurs élèves et leurs familles quant à notre capacité à les accueillir de manière appropriée.

Nous sommes Candide, un établissement déterminé à offrir une éducation de qualité à tous nos élèves, tout en reconnaissant et en respectant nos limites. C'est notre engagement envers nos élèves, leurs parents, et envers nous-mêmes.

---

21. L'Auxiliaire de vie scolaire (AVS) accompagne les enfants en situation de handicap ou présentant un trouble de santé invalidant.

Premier déménagement et... premiers chats

Ainsi, notre quête nous conduit à Caumont-sur-Durance, où nous découvrons une maison qui semble faite sur mesure pour notre école. Avec ses six salles de classe et deux bureaux administratifs à l'étage, elle semble parfaite. Seul inconvénient : l'absence de cour de récréation. Qu'à cela ne tienne ! Nos élèves, dont les effectifs ont été judicieusement ajustés, s'épanouissent pleinement dans cet environnement et acceptent avec grâce de faire l'impasse sur les espaces extérieurs pour courir pendant les pauses.

Ils trouvent d'ailleurs une nouvelle compagne de jeu en la personne de Brioche, une adorable chatte noire et blanche à poils longs. Elle se promène librement de classe en classe, sautant tour à tour sur le bureau d'un élève ou d'un professeur, apportant avec elle une douce brise de calme, de gaieté et de sérénité. Brioche n'est pas seulement un animal de compagnie ; elle est une véritable thérapeute à quatre pattes, aidant de nombreux enfants, parfois malmenés par le système scolaire classique, à retrouver confiance en eux et en l'école.

Brioche joue également un rôle crucial dans le parcours d'un de nos élèves autistes, Johan. Au départ, elle est la seule à qui il accorde sa confiance. Progressivement, elle devient un pont entre son monde intérieur et l'extérieur. D'abord, il se contente de tolérer sa présence, sans oser la toucher, puis, au fil des jours, il commence doucement à caresser son pelage soyeux, trouvant un apaisement dans cette relation particulière.

Un jour, à notre grande surprise, nous voyons Johan appeler Brioche de lui-même, lui préparant un petit coin douillet à ses côtés. Ce geste, pourtant simple, marque une étape majeure dans son ouverture aux autres. Grâce à la confiance que Brioche lui inspire, Johan finit par transférer cette assurance aux adultes, puis à ses camarades. Il ose enfin s'asseoir à sa table, lui qui préférait se cacher dessous pour se protéger. Peu à peu, il ouvre un cahier et se lance dans les apprentissages, malgré ses craintes persistantes.

Johan, qui avait rejoint Candide en classe de sixième, poursuit son chemin et obtient en juin 2022 un baccalauréat professionnel en systèmes électroniques numériques, un ancien bac pro en informatique. Ce succès est une victoire éclatante, non seulement pour lui, mais aussi pour toute la communauté de Candide qui a eu le privilège de l'accompagner tout au long de son parcours.

Adieu la cantine

À l'heure du déjeuner, le personnel se retire dans la cuisine de l'établissement, tandis que des parents bénévoles guident les élèves vers la colline pour se restaurer et étirer leurs jambes. C'est un espace naturel et protégé, un havre de verdure à quelques pas de l'école. Cette année-là, la météo clémentes en Provence permet aux enfants de manger à l'extérieur presque tout le temps.

Nous n'avons pas de cantine et n'en aurons jamais, car les normes sanitaires sont aussi impénétrables que les portes d'un château fort. De plus, nos ressources financières sont trop limitées pour envisager de tels travaux. Les élèves apportent donc leur thermos pour leurs repas, une solution pratique pour garder les aliments au chaud ou au frais selon la saison. N'ayant pas de cartable, ils emportent simplement leur sac-repas, aussi léger qu'un nuage.

Ce système présente plusieurs avantages : les enfants allergiques peuvent manger sans risque la nourriture préparée par leurs parents, et les contraintes alimentaires liées aux religions sont prises en charge par les familles elles-mêmes. Une enquête auprès des élèves révèle qu'ils préfèrent largement ce système à la cantine traditionnelle, qu'ils considèrent comme un lointain souvenir.

La vie de village

Les rôles respectifs de ma directrice adjointe et moi-même nous accaparent plus de soixante-dix heures par semaine chacune. Les notions de weekend, de journée de vacances, et parfois même de nuit, se sont évaporées comme une goutte d'eau sur une pierre brûlante. Tout est à construire : des formulaires administratifs à la communication, en passant par notre travail d'enseignantes. Nous distribuons des tracts et les déposons sur les pare-brises des voitures dans l'espoir d'accroître notre visibilité, mais nous découvrons vite que les boîtes aux lettres sont plus efficaces. Nous abandonnons donc les parkings et les manifestations festives pour entamer un pèlerinage de village en village, de quartier en quartier, semant nos flyers dans chaque boîte. Notre rythme atteint rapidement cinq cents à sept cent cinquante tracts par semaine. Grâce à cette endurance hebdomadaire, plusieurs familles nous rejoignent, ayant conservé le précieux petit papier jusqu'au moment opportun. Malgré les entrées et les sorties en cours de trimestre, nos effectifs restent constants, avec un total de vingt-quatre élèves durant toute l'année.

Dès le premier jour de la rentrée après les vacances de la Toussaint, encore dans les cartons, deux inspecteurs de l'académie d'Avignon nous rendent visite pour vérifier que nous remplissons les conditions nécessaires pour obtenir notre numéro de RNE (Registre national de l'éducation). Nous recevons ce numéro le 6 décembre 2013 : 0841151V. Nous sommes donc répertoriés à l'Éducation nationale, bien que nous ne bénéficiions pas de financement puisque nous sommes une école privée « hors contrat ». En revanche, le maire, qui aurait dû faire le nécessaire pour que son adjoint à l'urbanisme vienne contrôler la conformité du bâtiment, met plusieurs mois avant d'établir les papiers administratifs que le rectorat d'Aix-Marseille réclame à juste titre.

Notre projet, aussi clair qu'un ciel d'été pour nous, semble être un mystère pour les villageois, qui nous taxent tour à tour d'être une école pour enfants aveugles, pour enfants « débiles » ou même d'école coranique. Aurions-nous ouvert une boîte de chocolats où chaque villageois y goûterait une saveur différente ?

Il est vrai que Salima, notre professeur d'anglais, préfère rester voilée, tout comme sa fille en troisième. Ce signe d'appartenance à la religion musulmane semble être un piment trop fort pour certains habitants. Le maire, sous la pression de ses administrés, nous somme de demander à Salima de retirer son voile ou de renoncer à travailler à Candide. C'est comme si l'on demandait à un chef de retirer sa toque ! Nous sommes dépitées, car Salima est une perle rare dans l'océan de l'enseignement et nous acceptons toutes les religions. Nous lui proposons alors de ne se voiler qu'une fois à l'intérieur de Candide, pour ne pas choquer la population. C'est un peu comme si Superman se changeait en cabine téléphonique uniquement lorsqu'il était à l'abri des regards. En accord avec son mari, Salima choisit finalement de nous quitter. Cette fois, Superman a décidé de raccrocher sa cape. Nous respectons son choix et poursuivons notre aventure, prêtes à affronter les prochains défis avec le sourire.

« L'école me fait peur »

À Candide, nous avons parfois une invitée qui perturbe grandement la vie de nos élèves : la phobie scolaire. Lorsque cette pathologie est tenace et invalidante, elle contraint souvent les familles à se tourner vers d'autres systèmes éducatifs pour assurer une continuité dans le parcours scolaire de leur enfant. La phobie scolaire se caractérise par l'incapacité pour un enfant ou un adolescent de se rendre en classe, entraînant des réactions vives d'angoisse ou d'anxiété lorsqu'il est contraint d'y aller. Bien que cette condition touche environ 1 à 2 % des élèves, ce chiffre est probablement sous-estimé en raison de la difficulté à poser un diagnostic précis. L'Éducation nationale, bien qu'active dans ses efforts, peine à proposer des solutions efficaces pour contrer ce phénomène.

Malgré l'absence de statistiques officielles, tous les directeurs d'établissement, principaux de collèges et proviseurs de lycées constatent une augmentation notable du refus scolaire anxieux, autrefois appelé « phobie scolaire », chez les élèves de tous âges, milieux sociaux et niveaux scolaires. « Au moins un ou deux par classe », estiment certains chefs d'établissement.[22]

Chaque année, nous ouvrons nos bras et nos cœurs à environ un élève phobique par classe. Nous établissons les bases d'un contrat visant à instaurer un climat de confiance. Nous expliquons à l'élève que nous tentons une expérience sans nous imposer d'obligations de résultats. Nous lui offrons un cadre différent, dépourvu de pression, et notre école ressemble davantage à une maison de poupée qu'à un établissement scolaire traditionnel, avec ses petites classes et son chat qui se promène en liberté. Nous précisons que les notes aux devoirs ne sont qu'un baromètre de sa progression, rien de plus. À Candide, chacun donne le meilleur de soi-même, et chaque progrès, aussi minime soit-il, est une victoire.

Nous accueillons l'élève avec ses fragilités, en préservant le secret sur son trouble s'il le souhaite. Certains élèves préfèrent ne pas être étiquetés et se sentent plus libres de progresser

22. Lecherbonnier S., Face à la phobie scolaire, l'Éducation nationale désemparée, Le Monde, 19 mars 2023.

lorsqu'ils sont accueillis sans traitement spécial. Cela leur permet également de nouer des relations plus sereines avec les autres. Le discours que nous développons avec les jeunes phobiques n'est pas fondamentalement différent de celui adressé aux autres élèves. Cependant, nous insistons sur la sérénité du cadre et l'absence de stress lié aux performances.

Les résultats sont souvent remarquables : les élèves ne s'absentent plus et suivent leur scolarité à Candide de manière régulière. Bien que certaines crises d'angoisse persistent encore, elles diminuent progressivement.

Voici les propos de la maman de Mélanie, entrée chez nous quelques jours auparavant : « Sachez que Mélanie est ravie. Elle a retrouvé le sourire. Nous la voyons se métamorphoser de jour en jour, qu'est-ce que ça fait du bien ! » Mélanie, âgée de 8 ans, refusait l'école en manifestant des maux de ventre, des angoisses irrépressibles et des vomissements. Depuis qu'elle est à Candide, tous ces symptômes ont disparu.

Les parents de Marjorie, une élève précoce en CM2, partagent des observations similaires : « Nous nous permettons de réitérer nos remerciements les plus sincères pour tout le bonheur que votre attitude à tous apporte à nos enfants. La métamorphose de Marjorie, constatée depuis la rentrée, ne cesse de nous ravir. Voir notre fille s'épanouir nous remplit de bonheur. » Marjorie, avec une lueur de joie dans les yeux, exprime son soulagement. Les maux de ventre qui la tourmentaient ont disparu, et la peur d'aller à l'école s'est évaporée comme un oiseau prenant son envol. Son bonheur de retrouver ses amis et les chats le matin est palpable. Ces derniers, au nombre de dix maintenant, sont devenus une partie intégrante de notre communauté.

Nathanaël, un des rares garçons souffrant de phobie scolaire, est en seconde. Sa maman nous écrit à la fin du premier trimestre de (re)scolarisation : « Hier, Nathanaël est revenu fièrement en m'annonçant qu'il avait 13 de moyenne générale. Quel bonheur de voir mon fils heureux et fier de lui après ces trois années de grande difficulté, d'incertitudes, de phobie scolaire et de Cned ![23] Même si le démarrage a été un peu compliqué, s'il reste des fragilités et que ce n'est pas évident tous les jours, il a, grâce à vous, retrouvé confiance en lui et franchi un énorme cap. [...] Nathanaël, qui avait complètement décroché avec les maths depuis quelques années, se remet à me parler de ses cours et de son professeur avec enthousiasme. Il a l'air ravi, comprend parfaitement les cours et m'a même ramené un 19/20 ! Alors, que demander de plus ! »

La magie de Candide

Vanessa est une petite fille de 9 ans, inscrite en CM1 dans la classe « Vers la Sixième en Douceur ». Dans le système public, en CE2, elle avait rencontré plusieurs difficultés qui prenaient de plus en plus d'importance. Élève discrète et joyeuse, elle avait de bons résultats, mais son enseignante soulignait des problèmes de concentration. Parallèlement, des troubles neurovisuels étaient pris en charge par une orthoptiste.[24] Malgré les efforts déployés par sa famille, Vanessa commençait à être stigmatisée comme une « enfant à problème « et se décourageait. Ses devoirs devenaient une source de stress intense pour elle et ses parents, occupant jusqu'à cinq heures chaque week-end alors qu'elle était encore en CE2. Elle se renfermait et perdait sa gaieté.

---

23. Le Cned, Centre national d'enseignement à distance, assure le suivi de cours par correspondance. C'est une structure publique du ministère de l'Éducation nationale.

24. Le trouble neurovisuel peut provoquer un dysfonctionnement dans la façon de percevoir (et non de voir). Il impacte la lecture, le graphisme, les mathématiques, certaines activités sportives.

La famille décida alors de se tourner vers Candide. Bien que la rentrée soit encore à trois mois, la simple perspective de rejoindre notre école commençait déjà à opérer des changements chez la petite Vanessa. Lors d'une rencontre fortuite, ses parents nous confient qu'elle semble libérée depuis son premier rendez-vous avec Michèle. Elle se remet à jouer, à créer, à rire, comme si un printemps intérieur s'était épanoui en elle. Elle retrouve un goût pour les nouvelles activités : son monde se remplit soudainement de couleurs et de possibilités.

Une fois arrivée à Candide, il lui faudra seulement trois semaines pour se transformer durablement. Sa timidité se dissout comme un nuage sous le soleil, et elle exprime un réel plaisir d'apprendre. Sa réussite est telle que les enseignants demandent aux parents s'il reste encore des difficultés. En effet, en classe, aucun obstacle n'apparaît. Mieux encore, elle « avale » les notions avec une telle aisance qu'elle s'apprête, dès février, à rejoindre le programme des CM2.

Vanessa aurait pu, dès le CM1, adopter une attitude de désintérêt envers l'école avec des troubles d'apprentissage de plus en plus marqués. Quel aurait été son avenir avec une telle perception d'elle-même ? Le changement de regard porté sur elle à Candide lui a permis de mobiliser le meilleur d'elle-même. Ce regard ne gomme pas ses fragilités mais lui permet de progresser malgré les obstacles. De plus, elle peut désormais pratiquer l'équitation, le piano, le dessin et le violon, grâce à l'absence de devoirs le soir, le mercredi et le week-end.

Vanessa passe cinq années à Candide, réussit son brevet avec mention, obtient son bac mention bien à 16 ans, et est admise en classe préparatoire arts avant de rejoindre une école supérieure réputée, selon ses choix. Pour elle, comme pour tant d'autres, Candide aura été la bouée de sauvetage nécessaire pour le départ, un phare dans la nuit guidant son navire vers des eaux apaisées.

Fin de première année de scolarité

Malgré des débuts chaotiques, avec des lenteurs administratives de la part du maire et des plaintes continues des villageois, cette première année scolaire se termine de la meilleure des manières. En juillet 2014, une joie indescriptible nous envahit lorsque nous découvrons que tous nos élèves de troisième ont réussi leur brevet, malgré les défis supplémentaires auxquels font face les candidats issus d'écoles hors contrat. Leur succès est pour nous une véritable explosion de joie, un feu d'artifice de bonheur illuminant le ciel de notre école.

Chapitre 6

La deuxième année

À la rentrée 2014, nous accueillons quarante-quatre élèves, rayonnants et libres de venir en classe sans cartable. Pour nos anciens troisièmes, nous ouvrons une classe de seconde générale, avec Issam, notre gentil clown, doublant ce niveau. Nous recevons enfin les papiers de la mairie, et le rectorat cesse de menacer de fermer notre école.

Toutefois, un inspecteur se rend à nouveau sur place pour vérifier si les apprentissages sont conformes et propose de nous imposer la séparation avec nos chats. Il est hors de question que je cède à cette exigence. Les chats, tout comme les élèves et le personnel, sont pleinement épanouis dans notre environnement. La pédagogie Candide ne saurait exister sans eux. C'est dans ce contexte que nous créons la Charte de l'Établissement Candide, un document essentiel affirmant les règles et principes fondamentaux qui régissent notre structure.

Charte de l'établissement Candide

1. Le Groupe scolaire indépendant Candide est créé par l'Association éducative et culturelle Candide (Loi 1901 – Association à but non lucratif). Le Groupe scolaire Candide est privé, mais habilité et contrôlé par l'Éducation nationale. Il accueille des enfants et adolescents du CP à la troisième.

2. Le Groupe scolaire indépendant Candide propose une pédagogie innovante et unique en France, dont la fondatrice est Michèle Bourton. Les programmes scolaires de l'Éducation nationale sont rigoureusement respectés,

mais la façon de les enseigner est différente. Les séances de cours (45 mn) alternent avec les séances de devoirs, qui sont réalisés en classe et non à la maison (sauf pour les troisièmes, qui ont du travail à réaliser chez eux). Tous les élèves font donc les devoirs sous la surveillance et avec l'aide des enseignants directement concernés par leur discipline. Les jeunes précoces se retrouvent particulièrement heureux à Candide, car nous veillons à ce qu'ils trouvent un intérêt à chaque instant.

3. Le Groupe scolaire indépendant Candide ne dépasse pas le nombre de 15 enfants ou adolescents par classe. C'est un engagement fort dont le but est d'être présents auprès de tous les élèves et d'apporter l'aide nécessaire afin de viser l'excellence de chacun.

4. Le Groupe scolaire indépendant Candide intègre dans sa démarche l'investissement des familles. En effet, par le biais de l'Association éducative et culturelle Candide, les parents sont sollicités afin de participer à toutes les manifestations ou sorties scolaires.

5. Le Groupe scolaire indépendant Candide est un établissement mixte, non religieux.

6. Le Groupe scolaire indépendant Candide s'engage à accueillir tous les élèves sans discrimination, quelle que soit leur origine ou leur religion.

7. Le Groupe scolaire indépendant Candide ne peut accueillir des enfants intellectuellement déficients, car nous ne proposons pas d'encadrement spécialisé.

8. Les enseignants, en permanence auprès des élèves, sont les garants de la cohérence des méthodes pratiquées dans le respect de la pédagogie Candide.

9. Le Groupe scolaire indépendant Candide a pour objectif le développement de l'intelligence et de la culture des élèves

dont il a la charge par sa pédagogie. Il s'attache à amener les élèves à se responsabiliser dans leur travail, à devenir autonomes, à mieux connaître leur fonctionnement pour devenir efficaces et performants.

10. Le Groupe scolaire indépendant Candide choisit un effectif réduit pour pouvoir appliquer sa pédagogie et être à l'écoute de chacun. Les règles de vie au sein du groupe exigent le respect d'autrui et des biens de chacun. Ces règles sont orientées vers le plaisir de travailler ensemble, la résolution des conflits de manière pacifique : il nous appartient de susciter la confiance et la complicité tout en conservant rigueur et autorité.

11. Le Groupe scolaire indépendant Candide a pour objectif l'obtention du diplôme national du brevet afin que chaque élève puisse choisir l'orientation qu'il souhaite avec une grande liberté.

12. Le Groupe scolaire indépendant Candide ne peut fonctionner sans l'adhésion totale des parents. La direction se réserve le droit de se séparer d'un élève si ses parents :

– soutiennent leur enfant lorsque celui-ci refuse de travailler selon les méthodes pédagogiques de Candide,

– soutiennent leur enfant lorsque le comportement de celui-ci ne répond pas aux exigences de discipline de Candide.

13. En cas de désaccord entre la famille et le Groupe scolaire indépendant Candide, la direction se réserve donc le droit de rompre le contrat de scolarisation de l'enfant.

Les 44 élèves se répartissent comme suit :

- Vers la sixième en douceur : 8 élèves ;
- Sixième : 11 élèves ;
- Cinquième : 11 élèves ;
- Quatrième : 8 élèves ;
- Troisième : 3 élèves ;
- Seconde : 3 élèves.

De l'orthophonie à l'enseignement

Juste avant la rentrée de septembre 2014, Céline rejoint Candide en tant que cadre à plein temps, renonçant ainsi à son cabinet d'orthophonie pour se consacrer pleinement aux fonctions de directrice adjointe et d'enseignante. Cette transition est empreinte de signification. Céline, qui a toujours exercé en libéral dans ses deux cabinets successifs au Thor et à Velleron, a eu l'occasion de rencontrer un public aux pathologies variées. Dans le cadre des troubles des apprentissages (cf. Annexe 1), elle a toujours tenu à tisser un lien privilégié avec les écoles. Elle a toujours accordé une importance particulière à la collaboration entre le scolaire et le rééducatif pour une prise en charge optimale des enfants. Ainsi, faire l'expérience de l'enseignement dans les conditions uniques de Candide est pour elle un véritable miracle.

Habituellement, ce sont les enseignants qui, épuisés par leurs conditions de travail, se tournent vers l'orthophonie. Céline, quant à elle, emprunte le chemin inverse, se retrouvant de l'autre côté du miroir. Elle découvre avec une joie immense le plaisir de pouvoir aider les élèves instantanément, là où se présentent les difficultés. Fini le temps où l'on disait à l'enfant : Tu en parleras la semaine prochaine à ton orthophoniste.

Quelle joie de pouvoir agir immédiatement, quelle efficacité ! Une idée, telle une petite graine, avait germé dans l'esprit de

Céline. Et si Candide était le terreau fertile permettant l'épanouissement de cette idée ? Elle me révèle son projet, déploie sa carte au trésor, et ensemble, nous décidons d'explorer la possibilité d'intégrer des modules d'orthophonie au sein de l'école. À la rentrée suivante, des ateliers spécifiques verront le jour, tels des bourgeons prêts à éclore – nous en discuterons plus en détail ultérieurement.

La gestion de cette transition devient aussi complexe que jongler avec des couteaux enflammés tout en marchant sur un fil de funambule. Pour nous aider dans cette prouesse, nous embauchons Jocelyne comme secrétaire comptable. Bien que compétente en comptabilité, elle se révèle moins efficace en secrétariat, au point de nous faire perdre plus d'inscriptions qu'un trou noir n'engloutit d'étoiles. Cependant, elle fait preuve d'une rigueur remarquable en comptabilité, méritant des éloges pour sa précision. Elle restera fidèle à son poste jusqu'à la fermeture de Candide, telle une capitaine inflexible.

Face à cette situation, Céline et moi prenons les rênes des appels téléphoniques pour garantir une réponse immédiate aux demandes d'information, transformant notre bureau en véritable centrale téléphonique.

C'est avec une chaleur humaine débordante que nous faisons la connaissance de Maria et de son fils Antoine, âgé de 11 ans. Désemparée par la situation de son garçon, Maria accepte avec émotion l'offre d'inscription d'Antoine dans notre établissement en échange de son soutien pour l'entretien général de l'école.

Antoine, qui bénéficie d'une scolarité en Clis,[25] a été diagnostiqué dysphasique. Son handicap entraîne des répercussions sur sa communication, l'acquisition du langage oral et écrit,

25. Clis : classes destinées aux élèves dont la situation de handicap procède de troubles des fonctions cognitives ou mentales.

affectant ainsi ses relations sociales et ses apprentissages. Son parcours est chaotique, marqué par un passage en hôpital de jour dans ses jeunes années. Malgré tout, il est un véritable guerrier. Nous l'inscrivons dans la classe « Vers la sixième en douceur », alors que son niveau est plus proche de la fin de CE1. Antoine, bien qu'introverti, rayonne de bonheur et se sent parfaitement à l'aise à Candide.

Grâce à l'encadrement scolaire et à l'entraînement que nous lui offrons, Antoine progresse. Il est toujours suivi par son orthophoniste, qui constate également une évolution favorable. Qui aurait cru, lorsqu'il était petit, qu'il entrerait au lycée ? En août 2023, nous apprenons qu'Antoine intègre une licence d'histoire à la faculté d'Avignon. Cette nouvelle nous remplit de fierté et de joie. Antoine est la preuve vivante que chaque enfant possède un potentiel immense, prêt à éclore avec les bons soins et le soutien approprié.

Confiance retrouvée

Lorsque les enfants découvrent Candide pour la première fois, nous les encourageons à partager leurs ressentis sur leur expérience scolaire passée. Beaucoup décrivent une expérience sombre où ils se sentaient invisibles, réduits à de simples « numéros « dans une longue liste. Ils avaient le sentiment que les enseignants ne s'intéressaient pas à eux en tant qu'individus. Des phrases comme « On ne m'interrogeait jamais » ou « Je n'avais pas le droit de demander de l'aide, sinon je me faisais gronder » sont fréquentes dans leurs récits.

Habitués à se faire aussi petits que possible, semblables à des souris se fondant dans l'ombre, leur invisibilité a érodé leur estime de soi. Ils en sont venus à croire qu'ils ne valaient rien et que leur parole n'avait pas d'importance. Ils se sentaient comme des étoiles perdues dans l'immensité de l'univers, insignifiants et ignorés.

À Candide, nous offrons une tout autre mélodie. Les élèves doivent se défaire des chaînes de l'enseignement traditionnel. Ils ont non seulement le droit, mais surtout le devoir de solliciter un professeur en cas de difficulté. Cette pratique, aussi surprenante qu'une chute de neige en plein été, étonne certains enfants. Certains mettent plusieurs semaines à franchir la barrière de peur qu'ils avaient érigée dès le début de leur parcours scolaire, tel un oiseau apprenant à voler. Nous leur rappelons régulièrement que leur rôle d'élève est de gagner en autonomie, de connaître et de comprendre leurs limites, puis d'appeler l'adulte en renfort, devenant ainsi des navigateurs faisant appel à leur phare dans la tempête.

Avec des effectifs réduits, chaque élève a son tour de parole et est encouragé à échanger avec le groupe, créant une symphonie harmonieuse. Les plus timides trouvent leur place facilement et brisent leur carapace pour participer oralement, telles des fleurs s'épanouissant au printemps. Nous croyons fermement que ces élèves pionniers seront les ambassadeurs des suivants, leur montrant le chemin de la renaissance scolaire, comme les étoiles guident les voyageurs dans la nuit.

Cette relation de confiance entre les élèves et les enseignants renforce la cohésion du groupe, agissant comme un ciment qui unit les briques d'une maison. Un adulte attentif et bienveillant inspire le respect parmi les jeunes. Cela est brillamment illustré dans le film Écrire pour exister de Richard LaGravenese (2007). L'enseignante débutante, malgré les doutes de tous, réussit à fédérer une classe d'adolescents délinquants grâce à son extraordinaire humanité. En s'intéressant sincèrement au vécu de ses élèves et en se dévoilant avec humour et authenticité, elle parvient à les apprivoiser, à l'instar d'une mère louve avec ses louveteaux.

À Candide, les enfants deviennent plus solidaires et ouverts, s'épanouissant comme des bourgeons au printemps. Nous

nous efforçons d'améliorer les interactions afin qu'elles soient respectueuses et enrichissantes pour chacun. Cette attention unique est essentielle pour le désir d'apprendre. L'enfant, pour acquérir des connaissances, doit sentir qu'il reçoit une part d'attention précieuse, car, comme une graine a besoin d'eau pour germer, l'élève a besoin d'encouragements pour s'épanouir. On dit souvent qu'on ne doit pas travailler pour les autres, mais pour soi-même. Cependant, lorsque la brillance dans les yeux d'un professeur inspire l'élève à aller plus loin et à se dépasser, cela devient une motivation puissante. À Candide, si le désir d'apprendre passe par le fait de faire plaisir à un adulte (ou à un chat !), nous l'acceptons avec joie. L'élève prend ainsi conscience de sa valeur, ce qui le pousse à déplacer des montagnes.

Candide existe pour permettre à chaque enfant de s'épanouir en tant qu'être unique et magnifique. Ce n'est pas de l'hypocrisie, mais une conviction profonde. Nous croyons qu'en mettant en valeur les qualités d'un être, nous lui donnons des ailes pour déployer son élan vital et l'orienter vers de belles réalisations. La société peut ainsi se transformer et reconnaître que c'est dans la mutualisation de tous les talents que l'on est plus forts, et non dans l'exclusion de ce qui ne semble pas entrer dans la « norme ».

De plus, cette relation de simplicité est renforcée par le tutoiement des enseignants. Loin d'être une porte ouverte au manque de respect, c'est une fenêtre entrouverte sur la confiance mutuelle. Dans le respect de l'autre, chaque mot peut s'envoler librement. Les élèves trouvent plus facile d'interpeller leur professeur et de lui faire part de leurs interrogations lorsqu'ils le tutoient. Cette relation de confiance ne nuit en rien à l'autorité lorsqu'elle est nécessaire. Grégory, en troisième, exprime cette atmosphère chaleureuse et respectueuse avec aisance : « Les profs ne sont jamais absents et on peut les tutoyer. J'ose plus leur demander une explication, car j'ai moins peur de me faire disputer. »

Il est exaltant de constater que l'enfant, armé de sa confiance nouvellement acquise, surmonte ses peurs pour demander des explications. Cette démarche, qui peut sembler une montagne intimidante, devient une aventure passionnante où l'élève, grâce à sa confiance retrouvée, domine le dragon de l'intimidation pour explorer le royaume lumineux de la connaissance.

Les enfants précoces

La pédagogie Candide, fine et délicate, s'adapte particulièrement bien aux esprits des enfants précoces. Cette approche est résumée dans les mots de Lison, une brillante élève de CM1 : « Dans cette école, je ne m'ennuie plus. On est moins nombreux, on s'entend mieux. » Cette citation reflète les défis uniques des enfants précoces. L'idée commune d'un enfant précoce comme un jeune faucon qui vole aisément est souvent éloignée de la réalité, où les défis peuvent inclure l'angoisse, l'hypersensibilité et la maladresse, des chaînes invisibles qui les entravent.

Ces enfants, souvent incompris, naviguent dans les eaux tumultueuses des relations sociales. Leur sentiment d'ennui peut les pousser à dénigrer leurs pairs ou à s'exclure volontairement des groupes, comme un loup hors de la meute. Leur différence de pensée et d'intérêts peut les isoler, rendant leur intégration difficile. Pour trouver son équilibre, un élève à haut potentiel intellectuel se satisfait de peu de relations, à travers lesquelles il peut se sentir exister sans craindre la critique, comme une fleur rare qui s'épanouit à l'abri des regards. Il est souvent en conflit avec ses camarades, soit parce qu'il les juge insuffisamment intelligents, soit parce que son mode de pensée est différent du leur. C'est pourquoi le rôle des adultes comme médiateurs est crucial, offrant une guidance précieuse semblable à celle d'un phare pour les navires en mer.

À Candide, nous proposons des passerelles pour permettre aux élèves de passer d'un niveau à l'autre, même en cours d'année, si leurs acquis sont solides. Cependant, nous évitons que l'enfant ait plus de deux ans d'avance, pour prévenir les difficultés liées aux différences de maturité affective, semblables à un papillon qui émergerait trop tôt de sa chrysalide. La précipitation dans l'acquisition de compétences peut parfois avoir des effets négatifs, tant sur le plan social qu'affectif.

Par exemple, Mathieu, un précoce de 9 ans en sixième, aurait voulu se frotter au programme des cinquièmes. Plutôt que de le pousser dans cette direction, nous l'avons intégré dans la classe de CM2 en tant qu'assistant en histoire. Cette activité lui a permis de partager ses connaissances tout en développant des compétences sociales et affectives, créant ainsi une situation gagnant-gagnant. Mathieu a trouvé une grande satisfaction dans ce rôle, faisant preuve de compassion envers « ses » élèves plus âgés.

Chats tout doux

C'est Clara, élève de cinquième, qui attire notre attention sur les bienfaits des animaux en classe : « Quand je caresse un chat, j'ai l'impression que c'est ma peluche. Ça me rassure. » De nombreux élèves, et même des professeurs, travaillent en caressant un chat d'une main.

Il n'est guère surprenant que le toucher, premier sens développé chez le nourrisson, joue un rôle crucial. Dans l'utérus, le fœtus explore déjà son environnement par le toucher, établissant un lien fondamental avec le monde extérieur.

En cours de français avec Crousty

Les enseignants travaillent en caressant les chats

Lorsque nous caressons un chat, nous ressentons non seulement la douceur et la chaleur de son pelage, mais aussi les vibrations apaisantes de son ronronnement. Ces échanges affectifs, au sens étymologique du terme (*affectio* signifie « bienveillance »), nous font ressentir de l'amour au sens large, nous incitant à diffuser du bien-être autour de nous, comme un soleil diffusant sa chaleur.

Chats et concentration

Aussi étrange que cela puisse paraître, nous découvrons que les chats, ces créatures mystérieuses et insaisissables, exercent un effet extraordinaire sur la concentration des élèves. Contrairement à ce que l'on pourrait penser, leur présence n'est pas une source de distraction, mais plutôt un catalyseur de sérénité propice à l'apprentissage. Les témoignages de nos élèves, accompagnés d'observations attentives, révèlent que les chats, par leur simple présence, favorisent la concentration.

Mathy, un élève de CM1, affirme : « Le ronron des chats m'aide à me concentrer. » Marie, en cinquième, ajoute : « J'oublie les bruits autour de moi grâce aux ronronnements du chat. Quand il est sur mon bureau, ça me reconcentre. » Emmy, en troisième, présente un trouble de l'attention. Elle est donc particulièrement sensible à son environnement. Elle explique : « Si un devoir me paraît un peu long, le chat m'aide à rester attentive jusqu'au bout. Je le caresse deux ou trois secondes et je suis prête pour travailler à nouveau. »

Ces observations montrent que les élèves sont capables d'articuler leurs émotions et leurs expériences avec les chats, ce qui témoigne d'un véritable désir d'apprendre.

Les devoirs en CP avec Olive

Chats et émotions

Les chats jouent un rôle significatif dans la gestion des émotions et du stress des élèves. Ils deviennent des filtres à émotions négatives, transformant l'angoisse en sérénité. Max, un jeune explorateur en CE2, aime raconter ses aventures avec ces compagnons à fourrure: « Le chat me rassure quand je ne comprends pas un exercice. Je me sens moins paniqué. » Fanny, une élève de cinquième, affirme que les facéties des chats apportent de la joie, dissipant tristesse et énervement.

Les chats, dans ce ballet éducatif, deviennent des éléments clés de l'apprentissage, offrant une clé qui ouvre la porte de la connaissance. Ils permettent aux élèves d'évacuer le stress et la fatigue, créant un environnement plus propice à l'apprentissage. Pour assimiler sereinement, nous savons qu'il est nécessaire d'être détendu. Notre cerveau doit être libéré de ce qui l'encombre, semblable à un navire jetant par-dessus bord ses poids inutiles, pour accueillir de nouvelles notions et pouvoir fonctionner efficacement. Voici le témoignage de Marie, une élève de quatrième : « Les chats m'aident à évacuer le stress et la fatigue surtout le vendredi. Je les caresse et je me sens tranquille comme à la maison. »

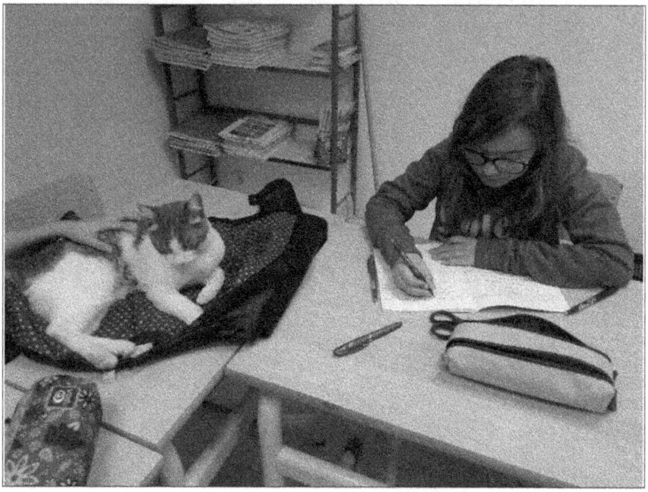

Figure 10 : Toi, tu travailles, moi, je dors

Parfois, nous devons fermer la porte de la classe pour éviter que les chatons, trop curieux et énergiques, ne perturbent le travail. Les chats adultes, en revanche, apportent une tranquillité appréciable en se reposant sur les genoux des élèves, comme des sages qui savourent le silence.

La présence des chats à Candide est une perle précieuse dans le collier de notre quotidien éducatif. Ils rappellent que l'apprentissage peut être un voyage joyeux et serein, ponctué de moments de rire, de découvertes et de tranquillité partagée avec nos compagnons à quatre pattes.

Chapitre 7

La troisième année

À la rentrée scolaire de septembre 2015, l'école accueille 66 élèves, répartis comme suit :

- Vers la sixième en douceur : 11 élèves
- Sixième : 11 élèves
- Cinquième : 11 élèves
- Quatrième : 12 élèves
- Troisième : 9 élèves
- Seconde : 8 élèves
- Première : 4 élèves

L'équipe éducative se compose de six membres, répartis comme suit :

- Céline :
  - Français, étude de la langue au collège
  - Mathématiques et sciences
  - Géographie chez les primaires
- Jocelyne :
  - Comptabilité
  - Enseignante quelques heures par semaine en espagnol chez les collégiens
- Sarah :
  - Mathématiques en collège et en primaire
  - Économie chez les lycéens

- Sophie :
  - Anglais au collège
  - Espagnol au lycée
- Léna :
  - Histoire/géographie en seconde
  - Français au collège
- Martine :
  - Français chez les primaires et les lycéens
  - Anglais chez les sixièmes
- Lydia :
  - Sciences au collège et au lycée
  - Anglais et mathématiques au lycée
- Alain : CPE (Conseiller principal d'éducation)
- Moi :
  - Histoire/géographie/enseignement moral et civique au lycée et en primaire
  - Directrice générale

Le nombre de salariés est de six. Je suis bénévole, ainsi que Lydia, en échange de la scolarité de ses deux enfants.

Tableau de l'évolution du nombre de salariés et de bénévoles suivant les années.[26]

	2013-14		2014-15	
Salariés	1	12,5%	4	40,0%
Bénévoles	7	87,5%	6	60,0%
Total	8	100,0%	10	100,0%

26. Le tableau complet de l'évolution du nombre de salariés et de bénévoles suivant les années est en annexe 2.

Réaménagement et expansion de l'école : un nouveau chapitre

Face à une promiscuité croissante dans nos locaux actuels, et à la demande croissante de nos services, nous avons décidé de trouver un espace plus spacieux pour permettre à nos élèves et à notre équipe de travailler dans de meilleures conditions. Nous avons donc loué un petit appartement en face de l'école pour accueillir les classes de seconde et de première, mais cela ne suffit pas à résoudre notre problème de manque d'espace. Nos assistants pédagogiques à quatre pattes, quant à eux, réclament leur droit à la liberté. Ils aspirent à sortir selon leur gré, à humer l'air frais et à gambader dans les couloirs sans entraves. Il est grand temps que nous trouvions un local définitif plus spacieux, où chacun puisse s'épanouir et s'exprimer en toute liberté.

En décembre 2015, Lydia et son mari Farid nous offrent une opportunité précieuse : un local situé à L'Isle-sur-la-Sorgue. Niché en zone artisanale, ce lieu s'étend sur le terrain qui abrite leur maison d'habitation. Notre futur établissement scolaire, vierge de tout aménagement, s'étend sur quatre cents mètres carrés. Un vaste rectangle, dépourvu de cloisons et d'étages, attend notre créativité pour prendre forme. En contrepartie d'un loyer raisonnable, les propriétaires nous confient la tâche de réaliser nous-mêmes les travaux. De plus, nous continuons à accueillir leurs enfants gratuitement à l'école et salarions Lydia à temps plein.

Pour mener à bien les travaux nécessaires, nous bénéficions de l'aide précieuse de Steve, le père d'un élève, entrepreneur dans le BTP. Il se charge des travaux presque entièrement, ce qui est une bénédiction pour nous. Toutefois, notre avocate nous met en garde sur le fait que, en tant que locataires, nous investissons pleinement dans l'aménagement du bâtiment, ce qui pourrait poser un problème si Lydia et Farid décidaient de reprendre le bâtiment avec une plus-value significative dans le futur. Nous nous protégeons sommairement par un bail de onze ans et éliminons cette idée de notre esprit... dans notre éternelle naïveté.

Nous voilà plongées dans les méandres de cette période tumultueuse. Nos journées s'étirent jusqu'à 21 heures sur le chantier, où nous jonglons entre les détails du jour et les préparatifs pour le lendemain. Les normes ERP (Établissement recevant du public) sont une préoccupation constante. Nous devons nous conformer à des exigences strictes : éclairages adéquats, dimensions des portes, aménagement des toilettes pour les personnes handicapées, adaptation des escaliers pour les déficients visuels, alarme lumineuse dans les WC pour les malentendants en cas d'incendie, etc. Chaque détail est minutieusement vérifié par Steve, notre expert en la matière.

Malgré nos efforts acharnés, nous observons avec frustration que de nombreux établissements publics ne respectent même pas ces normes, ce qui semble injuste. Par exemple, La mairie de L'Isle-sur-la-Sorgue elle-même, dans toute sa logique, nous oblige à contourner le bâtiment pour accéder à l'entrée principale. Quant à Caumont-sur-Durance, pour rejoindre le bureau du maire au premier étage, il faut affronter un escalier interminable et raide. Cela renforce notre sentiment que notre petite structure est soumise à des règles beaucoup plus strictes que celles appliquées à des institutions plus grandes ou publiques.

Les coûts liés à l'aménagement et à la conformité aux normes sont considérables. Ce budget, qui pourrait être investi directement dans le bien-être et l'éducation des enfants, est malheureusement absorbé par les exigences administratives. Nous sommes conscients que notre établissement ne pourra jamais accueillir certains publics en raison des limitations imposées, comme l'absence de rémunération des auxiliaires de vie scolaire (AVS) pour les structures hors contrat.

Pourtant, la chance nous sourit lorsque nous rencontrons une maman de futurs élèves, qui nous offre une aide précieuse : un prêt bancaire suffisant pour financer les travaux. Bien que l'endettement soit conséquent, nous estimons que le projet en vaut la peine. Nous poursuivons donc notre travail avec détermination et espoir, en dépit des obstacles et des difficultés.

Drames familiaux

Au cours de l'année, Candide se trouve plongé dans les profondeurs sombres de deux drames familiaux qui mettent à l'épreuve notre capacité à aider nos élèves tout en naviguant dans les méandres d'une bureaucratie souvent inefficace.

Éléna, une adolescente en quatrième, révèle l'horreur de son quotidien familial : la brutalité de sa mère et de ses grands-parents, sa séquestration dans sa chambre. Son beau-père, seul à tenter de la protéger, se trouve accablé par des accusations d'abus sexuels portées par la mère. Éléna, tremblante, mais déterminée, affirme l'innocence de son beau-père, mais sa voix peine à percer les ténèbres.

Loïc, son cousin, rejoint notre classe de troisième. Atteint du syndrome de Gilles de la Tourette et déjà largement en retard sur le plan scolaire, il se trouve dans une situation délicate. L'écart entre ses compétences et les exigences académiques est colossal. Sa passion pour la musique est évidente, mais ses parents, aveuglés par leurs propres espérances, ne veulent pas entendre parler d'une orientation professionnelle dans ce domaine. La colère et le rejet de cette suggestion par sa famille compliquent encore plus notre travail, malgré notre désir sincère de trouver une voie adaptée à son talent.

Lorsque les deux adolescents sont brusquement retirés de l'école par leurs familles, qui nous accusent d'orienter Loïc vers une filière professionnelle en raison de son syndrome, nous nous retrouvons à la croisée des chemins. En parallèle, le beau-père d'Éléna confie sa détresse, et nous alertons les services de l'Aide sociale à l'enfance (ASE). Cependant, notre anonymat est compromis lorsque l'ASE contacte la famille et dénonce ouvertement notre intervention. Les grands-parents et la mère d'Éléna menacent de mettre le feu à notre établissement, et la gendarmerie est mobilisée pour assurer la sécurité autour de Candide.

Les résultats de l'enquête sont désespérants : Éléna reste enchaînée à une vie de souffrance, tandis que son beau-père est injustement condamné. Nous apprendrons plus tard qu'Éléna a fui, désespérée, cherchant refuge dans l'obscurité de la nuit. Puis, en oiseau blessé, elle est revenue à son nid toxique, tentant de mettre fin à ses jours. Le silence enveloppe cette histoire, comme un linceul sur une âme meurtrie. Nous n'en saurons pas plus, car la vie continue, impitoyable et insensible.

Estelle, une jeune fille dans la classe « Vers la sixième en douceur », arrive avec des signes évidents de souffrances passées, notamment des abus sexuels. Les cicatrices invisibles de son corps racontent une histoire que nous ne voulons pas entendre, mais que nous devons affronter. Avant de rejoindre notre établissement, Estelle avait erré dans les couloirs d'écoles publiques, cherchant désespérément un refuge. Deux directeurs, impuissants témoins de son calvaire, avaient alerté les services de l'État, mais leurs appels étaient des échos perdus dans le vide. Sa mère déménageant systématiquement pour échapper aux signalements. Face à cette tragédie, nous avons osé réitérer un signalement auprès des services de l'Aide Sociale à l'Enfance avec l'appui des deux directeurs des établissements fréquentés précédemment. Nos mots étaient des cris étouffés, nos espoirs fragiles comme des bulles de savon. Cependant, aucune réponse ne nous est parvenue. Le silence administratif a englouti notre appel à l'aide, telle une mer sans rivage. La mère d'Estelle finit par la déscolariser, la plongeant dans l'obscurité de l'inconnu.

Les témoignages de ces enfants, mêlés à la lenteur et à l'inefficacité des services censés les protéger, nous rappellent la dure réalité des défis auxquels nous sommes confrontés. Nos efforts, aussi sincères soient-ils, se heurtent parfois à des systèmes qui semblent impuissants ou indifférents.

Malgré les échecs et les frustrations, nous trouvons du réconfort dans le dévouement de notre équipe et la magie que les enfants, les enseignants et même les chats apportent à notre quotidien. Les salles de classe restent des havres de lumière et de chaleur où chaque sourire, chaque progrès, chaque instant de bonheur partagé est une victoire sur l'obscurité environnante.

Notre aventure continue avec courage et résilience, malgré les obstacles et les lenteurs bureaucratiques. Nous poursuivons notre mission avec l'espoir de faire une différence, même si les défis semblent parfois insurmontables. Les enfants nous rappellent pourquoi nous avons choisi cette voie, et leur résilience nous inspire à persévérer.

Au milieu des paperasses et des défis administratifs, nous célébrons les petites victoires et continuons à espérer que chaque enfant trouve un chemin vers la lumière, malgré les ombres qui les entourent.

Scènes de la vie (extra)ordinaire

Un jour, alors que la lumière du matin baignait les salles de classe d'une douce chaleur, j'ai parcouru les rangs des élèves, distribuant des documents à remettre aux parents. La classe des cinquièmes était plongée dans une recherche guidée par Lydia, l'enseignante, dans une ambiance de concentration et de sérénité. L'atmosphère, empreinte de confiance et de bonheur, contrastait avec les scènes souvent rencontrées dans le système scolaire traditionnel.

En franchissant le seuil de la classe de Maria, j'ai assisté à une scène touchante : une fillette, d'une voix timide, demandait un taille-crayon. Immédiatement, trois petits camarades ont tendu leurs propres taille-crayons, offrant leurs trésors avec des sourires éclatants. Cette spontanéité et cette entraide étaient des étoiles scintillantes dans un ciel habituellement plus gris.

Et puis, il y a les chats. Leurs pattes légères foulent le sol, leurs yeux scrutent le monde avec une sagesse ancestrale. Ils sont là, présents, conservateurs de la quiétude. Leur présence tranquille et leur sagesse apaisante transforment l'atmosphère des classes. Les élèves, intuitivement, comprennent qu'une interaction respectueuse est essentielle. Ils savent que les félins se retireront dans un coin calme s'ils sont dérangés. Ainsi, les chats, avec leur comportement paisible, favorisent un climat d'harmonie et de concentration, créant un environnement d'apprentissage exceptionnel.

Figure 11 : Donald et Crousty en classe de 4e

Une promenade ensoleillée avec Céline à Avignon nous a menées à croiser une maman d'élève. Avec un sourire radieux, elle nous a raconté que Maël, son fils, comptait les jours avant la reprise des cours à Candide. Ce témoignage de joie a réchauffé nos cœurs et renforcé notre conviction que Candide est un lieu où les enfants attendent le retour en classe avec impatience. Cette révélation nous émerveille, et nous découvrons qu'elle n'est que le premier écho d'une longue symphonie. À Candide, nos élèves chantent une mélodie différente. Ils ne redoutent pas la rentrée, ne comptent pas les jours avec angoisse. Non, ici, Candide incarne la promesse d'allégresse.

Sébastien, en cinquième, a confirmé cette impression avec un sourire sincère : « Ce qui nous distingue des autres collèges, c'est cette envie irrésistible de revenir après les vacances. »

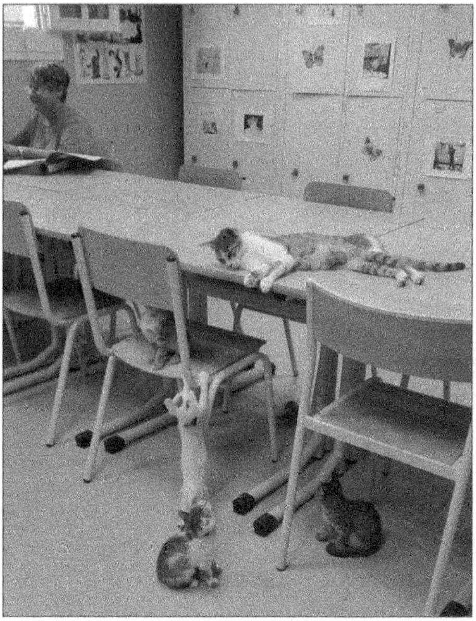

Figure 12 : Michèle travaille et les chats s'amusent pendant les vacances

Sous le soleil de juin, une mère est venue nous présenter son fils François, un prodige de huit ans qui, bien que déjà en CM1, s'ennuyait dans son établissement public. Nous avons proposé une solution audacieuse : intégrer François directement en sixième pour la rentrée suivante. La mère, bien que partagée entre espoir et appréhension, a accepté, et nous avons accompagné François dans cette nouvelle aventure.

Au fil des années, François a brillamment prospéré, atteignant des sommets académiques avec des notes presque parfaites. Tout naturellement, François devint l'assistant des professeurs dans maintes disciplines, un rôle qu'il endossa avec fierté, sans jamais laisser transparaître la moindre trace d'orgueil. Il prenait plaisir à soutenir ses camarades lorsque les enseignants étaient accaparés par d'autres tâches. Ainsi, dans l'ombre des salles de classe, ce jeune esprit brillant tissa sa toile, guidé par la soif inextinguible de savoir et la bienveillance de ceux qui avaient su reconnaître son potentiel.

Un jour, alors qu'un couple visitait notre établissement pour inscrire leur fils, François était en train de préparer un cours de sciences pour ses camarades de sixième. Le père, amusé par le calme régnant dans l'école, demanda à François s'il était heureux à Candide. Avec un sourire éclatant, François prit un livre sur l'étagère et répondit avec sincérité : « Ah, Candide, c'est le paradis ! »

Ces moments de bonheur et d'émerveillement incarnent l'essence de Candide. Chaque sourire, chaque acte de gentillesse et chaque étincelle d'enthousiasme des élèves et du personnel sont des preuves vivantes que malgré les défis, Candide reste un lieu de lumière et d'espoir. Nous poursuivons notre mission avec une passion renouvelée, motivés par les histoires extraordinaires et les petites victoires qui enrichissent notre quotidien.

Que font les ministres chargés de l'Éducation nationale ?

Dans le vaste labyrinthe du système éducatif traditionnel, les enseignants se trouvent souvent dans le rôle de gardiens de la paix, cherchant à instaurer un semblant de calme au milieu du chaos. Les salles de classe surchargées deviennent des arènes où les élèves se confrontent, se provoquent, et défient les règles. Cette dynamique engendre une multitude de conflits et de tensions, et les enseignants doivent jongler avec des effectifs qui ne cessent d'augmenter. Pourtant, dans cette agitation perpétuelle, la quête d'un environnement sain et sécurisé demeure essentielle. L'impact des classes surchargées est largement reconnu comme étant nuisible aux élèves, freinant leur apprentissage et leur développement.[27]

---

27. Source : https://www.bienenseigner.com/la-classe-surchargee/.

Il est amusant de penser que les ministres de l'Éducation nationale pourraient avoir un abonnement VIP à une « Salle des Oubliés », où les discussions tourneraient autour de la météo et des cravates, loin des réalités du terrain. Peut-être se livreraient-ils à un nouveau sport : la course aux élèves, cherchant à placer un maximum d'élèves dans une salle de classe avant que le professeur ne crie « STOP ! » Avec leurs pouvoirs magiques, ces ministres seraient capables de transformer une salle de classe en boîte de conserve géante, défiant les lois de la logique et du bon sens.

Il est vrai que l'idée de voir les ministres distribuer des baguettes magiques aux enseignants pour réduire les effectifs à des nombres plus gérables est un rêve partagé par beaucoup. Cependant, derrière cette ironie se cache une véritable aspiration à des réformes significatives. La nécessité d'agrandir les établissements scolaires, de construire de nouvelles infrastructures, et de recruter davantage de professeurs est un besoin urgent pour améliorer les conditions d'apprentissage et alléger la charge des enseignants.

L'amitié et la médiation féline : une histoire émouvante

C'était un matin d'automne, où la pluie tambourinait contre les fenêtres de la salle de classe. Deux jeunes garçons, Alan et David, élèves de troisième, semblaient s'empoigner au sujet d'une gomme égarée. Leur querelle enflammée résonnait dans la pièce, tandis que le professeur tentait vainement d'apaiser les esprits.

C'est alors qu'apparut Crousty, un chat au pelage gris et blanc, d'une élégance féline indéniable. D'un bond souple, il s'élança sur le bureau d'Alan, qui, surpris, l'accueillit avec une tendresse inattendue. Le matou s'installa précisément entre les deux bureaux des adolescents, car il avait compris que sa présence pouvait apaiser les tensions.

Les doigts des deux garçons se mirent à caresser Crousty et, peu à peu, l'histoire de la gomme s'effaça de leur esprit. À la fin du cours, lorsque le professeur les interrogea sur le sort de l'objet tant disputé, Alan et David échangèrent un regard complice. Ils expliquèrent en riant que le chat avait été le médiateur involontaire de leur réconciliation. Grâce à lui, ils avaient commencé à se parler, à envisager que la gomme était peut-être simplement tombée par mégarde. Et leur intuition se révéla exacte. La présence d'animaux peut avoir un impact profond sur le comportement des élèves.

Depuis ce jour, nous avons observé une transformation notable parmi les élèves, qui deviennent de plus en plus altruistes et bienveillants les uns envers les autres. La présence des félins semble jouer un rôle catalyseur dans cette évolution positive, prouvant que les animaux, avec leur douceur et leur sagesse, peuvent effectivement apporter une paix et une harmonie précieuses dans les salles de classe.

Figure 13 : Salle polyvalente de nos locaux
à L'Isle-sur-la-Sorgue

Chapitre 8

La quatrième année

L'année scolaire 2016/2017 s'annonce à l'horizon, pleine de promesses et de nouveaux défis. Nous nous apprêtons à déménager à L'Isle-sur-la-Sorgue, portés par l'élan et le soutien chaleureux de nombreuses familles qui croient en notre projet. En juillet 2016, les bâtiments nous sont livrés, immaculés, tels une toile vierge, prêts à être habillés de nos rêves et de notre passion.

Une partie de l'équipe éducative se joint à nous pour transformer les murs, métamorphosant chaque salle de classe en une œuvre vivante. J'ai offert à chaque enseignant la liberté de décorer et personnaliser sa classe selon son goût, convaincue que chacun sera plus heureux de travailler dans un espace qui lui ressemble, un lieu empreint de sa personnalité.

Les parents, aussi, se mobilisent. Parmi eux, Patrick, le père de Harry, un nouvel élève, se montre particulièrement généreux en nous offrant de nombreux pots de peinture. Chaque couleur déposée sur les murs devient une promesse de joie, chaque coup de pinceau une victoire sur la monotonie. Peu à peu, salle après salle, notre école prend vie. Elle devient un espace d'apprentissage, de partage, où chaque enfant pourra s'épanouir et grandir.

Nous ne pouvons qu'être remplis de fierté et de gratitude de participer à cette belle aventure, celle que j'ai tant rêvée.

Le mois d'août est consacré aux finitions. Avec Céline, complice dans cette mission, nous prenons soin d'aménager chaque pièce avec amour. Nous dénichons du mobilier dans des recycleries, privilégiant l'économie circulaire et la durabilité. J'ai tenu à ce que des climatisations réversibles soient installées, garantissant un confort optimal pour nos élèves, de septembre jusqu'à la fin juin.

Nos chats, fidèles compagnons, ont rapidement adopté leur nouveau foyer. Depuis leur déménagement de Caumont à L'Isle-sur-la-Sorgue, ils se faufilent avec aisance dans les couloirs de l'école, explorant leur nouveau territoire ou s'aventurant dans le quartier par la chatière.

Vers l'amour pour tous les animaux

Au fil des jours, nous observons avec joie nos élèves s'immerger dans des recherches approfondies sur une multitude d'animaux, qu'ils soient sauvages ou domestiques. Leurs exposés, soigneusement documentés, tissent un véritable canevas de connaissances animalières au sein de notre établissement, évoquant aussi bien les majestueux lions que les gracieuses biches.

Dans cette atmosphère empreinte de bienveillance, des pochoirs en forme d'animaux fleurissent ici et là, décorant les murs de nos salles de classe. Nos chers élèves, de plus en plus sensibles à la cause animale, deviennent les défenseurs enthousiastes de la faune. Les discussions autour de ce noble sujet s'animent, les idées fusent. Certains élèves, passionnés, s'orientent déjà vers des études en environnement, en écologie, ou envisagent des carrières de vétérinaires, d'assistants vétérinaires, de soigneurs animaliers, ou encore de gestionnaires des habitats des créatures non humaines, qu'elles soient à deux pattes ou plus, couvertes d'écailles ou de plumes.

Et voilà que de nouveaux compagnons à poils viennent agrandir leur joyeuse communauté. Dix chats, joueurs et ronronnants, font désormais partie intégrante de la vie à Candide. Ces félins, trouvés errants ou abandonnés par le personnel ou des parents d'élèves, ont été recueillis avec amour. Lors de la rentrée de septembre 2016, les élèves les découvrent avec émerveillement. En retour, les chats apportent leur douce présence, leurs ronronnements apaisants, et une sagesse mystérieuse qui apaise et enchante leur quotidien.

Pédagogie protégée

Dans l'enceinte sécurisante de Candide, chacun reconnaît les bienfaits que nos chats complices apportent à notre environnement éducatif. Silencieux mais essentiels, ils accompagnent nos apprentissages, tissant des liens invisibles entre les élèves et le savoir grâce à leurs doux ronronnements.

Imaginez un instant une pédagogie sans ces félins élégants, sans leurs regards énigmatiques observant les pages des livres, sans leurs miaulements complices dans les couloirs. Elle perdrait une part de sa magie, de son éclat. De même, si notre établissement n'était habité que par ces matous, au milieu de classes surchargées, avec des devoirs à rendre, des heures de colle et des affrontements fréquents, la progression des jeunes esprits serait bien moins harmonieuse.

La pédagogie Candide, telle une mélodie subtile, est tissée de fils invisibles reliant les humains et les félins. C'est une véritable ronronthérapie, apaisante et protectrice. Saviez-vous que cette approche unique est protégée par l'INPI (Institut national de la propriété industrielle) ? Sous le numéro 18 4 451 778, elle s'inscrit dans la catégorie des enseignements qui touchent à la fois l'âme, le cœur et l'intellect.

Certains se demandent pourquoi il est nécessaire de protéger une pédagogie qui, sans conteste, donne d'excellents résultats. Deux raisons fondamentales justifient cette protection.

La première découle de ma profonde conviction : je refuse l'idée que les chats puissent être exploités. Pour moi, les animaux ne sont pas au service des humains. À Candide, nos petits tigres jouissent d'une totale indépendance. Ils explorent librement le quartier et se faufilent dans les classes à leur guise, se lovant sur les tables ou les genoux des élèves, particulièrement ceux qui semblent les plus vulnérables. Leur présence, bien plus qu'un simple ornement, est une aide précieuse, offerte sans contrainte.

La deuxième raison est plus pragmatique. Je refuse catégoriquement qu'un chat soit introduit dans une classe surchargée. Dans une telle configuration, il serait inévitablement maltraité. Avec nos effectifs réduits à quinze élèves par niveau et une formation au respect des animaux, nos enseignants peuvent surveiller le bien-être de chacun. En revanche, dans une classe de trente-cinq élèves, le risque que des adolescents insensibles tirent la queue d'un chat ou coupent ses moustaches devient trop grand. La protection du félin ne pourrait être assurée.

C'est pour cela que la pédagogie Candide, associée à la ronronthérapie, est protégée. Toute école souhaitant intégrer des chats dans ses classes doit obtenir mon autorisation, et l'INPI veille au respect de cette règle. À deux reprises déjà, nous avons empêché l'adoption de cette méthode dans des conditions inadéquates. Les établissements intéressés doivent garantir des effectifs réduits et le respect du bien-être des animaux, et un contrat formalisant leur appartenance au réseau Candide est mis en place. Des visites de supervision sont également imposées tout au long de l'année pour s'assurer que les standards sont respectés. Ce cadre est essentiel pour garantir des conditions d'apprentissage optimales et la préservation du respect animalier, mais doucement : en France, avec nos ministres de l'Éducation, ce n'est pas demain que les chats envahiront toutes les classes !

Sans revenir en détail sur les bienfaits de la ronronthérapie, nous sommes chaque jour émerveillés par la puissance apaisante de nos chats. En créant Candide, je souhaitais recréer une ambiance familiale au sein de l'école. Se sentir « chez soi » favorise naturellement le bien-être et le désir de travailler dans la joie. Les chats, par leur présence paisible et espiègle, transforment l'atmosphère et nous incitent à les imiter. Ils savent éviter les stimulations qui les irritent ou les fatiguent, recherchant des lieux calmes et sécurisants.

Il n'est pas rare de voir un chat allongé à l'entrée de l'école alors qu'une soixantaine d'élèves passent au-dessus de lui pour se rendre en classe. Olive, par exemple, s'étend de tout son long, en parfaite confiance, démontrant une tranquillité absolue vis-à-vis des humains qui l'entourent. Elle ne craint personne, et personne ne la fait trembler.

Ici, nous éveillons chaque enfant à la bienveillance envers les animaux. Dès le seuil des salles de classe, ils sont familiarisés avec une charte féline qui encadre leur comportement vis-à-vis de nos petits compagnons. Ils apprennent à reconnaître les signes subtils du langage félin : la fatigue, l'agacement ou, au contraire, le contentement absolu. Pour gagner la confiance de nos chats, les enfants comprennent qu'ils doivent eux-mêmes adopter une attitude calme et respectueuse. Et cette harmonie, tissée autour des félins, se reflète dans leur comportement quotidien.

Permettez-moi de vous présenter notre charte féline, soigneusement affichée en plusieurs lieux stratégiques de l'établissement et expliquée aux élèves dès leur arrivée.

Figure 14 : Le règlement des chats

Pour être des chats heureux avec des élèves heureux, nous avons besoin :

1) Que tu nous considères comme des êtres à part entière et non comme des jouets. Tu dois donc nous manipuler avec douceur et ne pas nous obliger à venir avec toi si nous n'en manifestons pas l'envie.

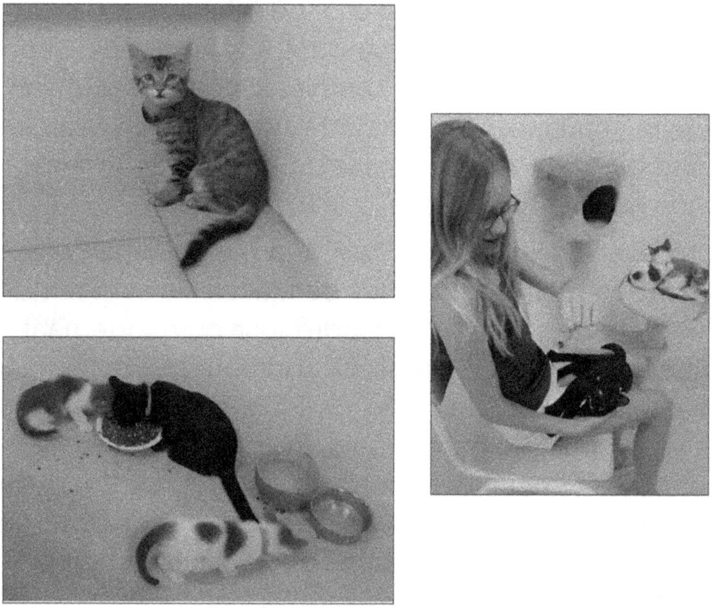

2) Que tu ne nous prennes pas dans les bras sauf si c'est nous qui montons sur toi ! Nous risquerions de te mordre ou de te griffer.

3) Que tu ne nous déranges pas quand nous dormons ou quand nous mangeons. Dans ces moments-là, nous ne sommes pas disponibles pour te faire un câlin.

4) Que tu sois calme dans tes gestes et tes déplacements. Tous les chats aiment la tranquillité et nous quitterions un endroit trop bruyant ou dans lequel les enfants sont trop agités.

5) Que tu participes à notre bien-être. Pour cela, tu peux apporter un sac de croquettes de temps à autre. Tu peux nous caresser et jouer avec nous pendant les moments de pause. Tu peux nous prendre avec toi pendant les cours si tu ne te dissipes pas !

6) Que tu sois responsable de tes affaires. Ce ne sera pas de notre responsabilité ni celle de Candide en cas de blessures ou de détériorations (griffures, morsures, salissures ...).

Nous te souhaitons de merveilleux moments en notre compagnie et de multiples « ronrons » d'amitié !

Ensuite, il est important d'apprendre aux élèves à décoder le comportement de l'animal. Voici l'une des affiches que nous utilisons à cet effet[28] :

Figure 15 : Le langage des chats

28. Chin L., *Les comportements des chats permettent de comprendre leurs émotions*, doggiedrawing.net, 2015.

L'harmonie tissée entre les chats et les élèves, cette douce mélodie de confiance et d'amour, résonne si profondément en moi que j'aspire à élever ma voix, à la porter au-delà des murs de notre école. Mon rêve ? Voir l'éthologie, cette science qui dévoile l'âme animale, trouver sa place dans les programmes scolaires. Mes mots, porteurs d'espoir, s'envolent vers d'autres horizons, là où des cœurs, comme le nôtre, battent au rythme des ronronnements et des sourires complices.

En emménageant dans notre nouvelle école, nous accueillons 82 élèves, répartis du CE1 à la terminale comme suit :

- CE1/CE2 : 3 élèves
- CM1/CM2 : 11 élèves
- Sixième : 11 élèves
- Cinquième : 15 élèves
- Quatrième : 15 élèves
- Troisième : 13 élèves
- Seconde : 5 élèves
- Première : 8 élèves
- Terminale : 1 élève

Cette année singulière, où les murs de notre établissement vibrent d'une nouvelle énergie, nous offre l'opportunité d'élargir nos horizons. Avec la demande croissante, nous sommes fiers de déployer une classe de CE1/CE2. L'année à venir, murmure prometteur, pourrait voir l'ouverture d'une classe de CP, complétant ainsi notre éventail de classes primaires.

Notre équipe, fidèle à notre vision, reste inchangée. Toutefois, en mathématiques, pour répondre aux besoins de nos lycéens curieux, nous recrutons un nouveau professeur.

Hélas, Catherine, une étoile égarée dans notre constellation, peine à comprendre que Candide n'est pas le lieu où l'autorité se gagne à coups de craie pour imposer le silence. Avec seulement quatre élèves dans sa classe de première, ses méthodes, forgées dans l'arène publique, ne trouvent pas leur place ici. Les élèves, eux, murmurent leur désillusion :

« Si c'est pour revivre les mêmes expériences qu'au lycée classique, autant y retourner. »

Après les vacances de la Toussaint, Catherine, tel un feuillage emporté par l'automne, choisit d'aller jeter ses craies ailleurs. À sa place, Justine, jeune femme au caractère souple, tente d'équilibrer rigueur et bienveillance dans sa relation avec les adolescents. Une danse délicate pour asseoir son autorité avec grâce.

En parallèle, Damien endosse le rôle d'agent d'entretien, succédant à Maria, qui a été submergée par l'immensité de sa tâche dans ce sanctuaire éducatif composé de dix salles de classe et d'une grande salle polyvalente. Maria, sentinelle généreuse et profondément humaine, reste néanmoins parmi nous, veillant sur les élèves comme une étoile tutélaire. Elle m'assiste avec dévouement, tissant un lien invisible et fort, même lorsque ma fragilité physique tente de se manifester.

En juin 2017, Mehdi rejoint notre ballet pédagogique, enseignant les mathématiques aux premières et aux terminales, ainsi que la physique-chimie au collège. Justine, se sentant trop jeune pour encadrer ces grands adolescents, a choisi de laisser sa place. Mehdi, enseignant vacataire à la CCI d'Avignon, répond à notre appel. Ancien serveur, il jonglait entre saisons pour compenser l'absence de salaire durant les congés scolaires. Je m'érige en défenseur de sa cause, insistant pour que dès le 1er juillet, il perçoive son salaire, afin que l'été ne soit point avare de ses bienfaits. Cette année, il retrouvera ses racines au Maroc, là où sa famille et son histoire l'attendent. Peut-être y puisera-t-il l'inspiration pour écrire son propre chemin.

Notre école s'organise ainsi :

- un bureau pour la comptable, qui sert également d'infirmerie ;
- neuf salles de classe, où Céline et moi avons nos bureaux de sous-direction et de direction. Mon bureau, en plus de mes fonctions administratives, abrite une grande cage pour isoler, si nécessaire, un chat malade ;
- une des salles deviendra la bibliothèque une fois le lycée fermé ;
- une vaste salle polyvalente, dédiée aux repas des élèves, aux cours de programmation informatique et aux pauses du personnel lors des récréations ;
- quatre toilettes aux normes pour personnes handicapées ;
- un petit placard pour ranger les outils, le matériel de ménage, les croquettes et les litières ;
- quatre salles d'archives ;
- un espace réservé aux photocopies.

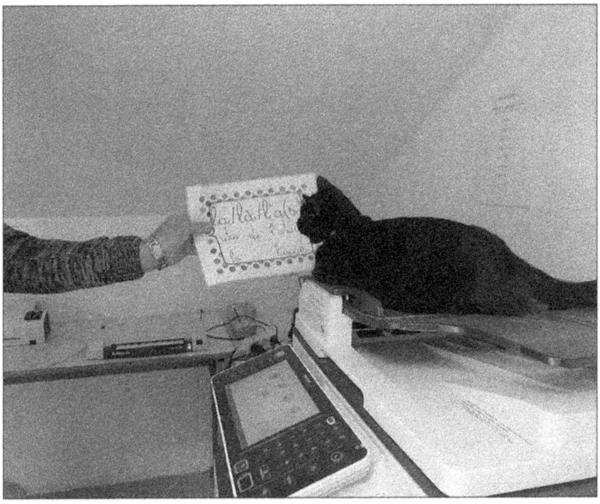

Figure 16 : Nala vérifie les photocopies

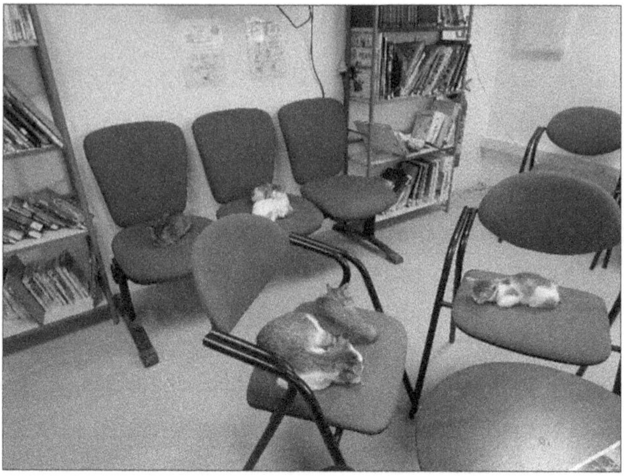

Figure 17 : Le coin bibliothèque et ses lecteurs

Ce sont les élèves qui se déplacent dans l'établissement au changement de cours puisque chaque enseignant possède sa propre salle de classe décorée à son goût.

Le rôle des enseignants

À Candide, le professeur s'incarne en une présence bienveillante et une relation de proximité qui transforme l'expérience éducative. Comme le souligne Mégane, élève de quatrième, les professeurs ici ne sont pas seulement des figures d'autorité, mais des individus chaleureux et familiers. Ils saluent les élèves avec le sourire, créant ainsi un climat de respect et d'humanité. Chaque enseignant devient une figure solide sur laquelle les élèves peuvent s'appuyer, une présence rassurante qui leur donne confiance.

Dans cette atmosphère, Christian, arrivé en cinquième, exprime un sentiment de sécurité accru : « Ici, il y a moins de harcèlement que dans un autre collège car les profs sanctionnent immédiatement. Je me sens protégé. » Ce sentiment de protection est partagé par Cécile, également en cinquième : « Les profs ne nous laissent pas tomber. Quand on galère, ils nous aident. On peut aussi se confier à eux si on a un problème, et moi, ça m'a beaucoup aidée. »

Dans le système scolaire classique, on entend souvent des maximes comme :

– « Il faut que les enfants apprennent à se débrouiller seuls »;

– « Ne les aidez pas trop, sinon ils ne deviendront jamais autonomes ».

Candide s'inscrit en faux contre ces approches. Ici, nous croyons fermement que la présence attentive des adultes est essentielle. Elle tisse une toile de sécurité où les élèves peuvent s'ouvrir, exprimer leurs difficultés, et trouver leur propre chemin vers les solutions, toujours accompagnés, jamais abandonnés à eux-mêmes.

Nous ne distribuons pas de réponses toutes faites ; nous favorisons le dialogue, l'échange, et encourageons les élèves à chercher par eux-mêmes. En prenant le temps de verbaliser leurs pensées et émotions, ils posent déjà les bases de la résolution de leurs difficultés. Et nous, en tant qu'enseignants, nous sommes là, prêts à écouter et à accompagner, sans jamais imposer la solitude face aux épreuves.

Contrairement à ce que certains pourraient penser, notre aide pour les devoirs ne les rend pas dépendants. Le processus d'apprentissage ressemble à celui d'un enfant apprenant à marcher : d'abord, il cherche l'assurance de la main d'un adulte, puis, avec le temps, il trouve la force et le désir de s'aventurer seul. C'est dans cet équilibre délicat entre soutien et liberté que nos élèves apprennent à voler de leurs propres ailes.

L'adulte endosse souvent un rôle de sentinelle cordiale. Parmi nos élèves, certains, avides de cette présence tutélaire, sollicitent régulièrement son avis. Ils cherchent la validation, hésitent à s'aventurer dans les méandres des réponses, par peur de l'erreur. Leurs pas sont marqués par des expériences passées, des ombres déplaisantes qu'ils veulent éviter.

Le rôle du professeur, lui, se dessine en guide, en passeur. Il invite l'élève à tenter, d'abord seul, de trouver la clé de l'énigme, à franchir le seuil de sa timidité, même si la réponse est fausse, car c'est dans cette chorégraphie, entre respect et encouragement, que l'enfant s'émancipe, devient libre d'apprendre.

Les résultats parlent d'eux-mêmes. Lorsque nos élèves passent les examens nationaux pour accéder à la classe de seconde dans d'autres établissements, 99 % d'entre eux réussissent sans aide extérieure. Ils partent confiants, car ils ont acquis des compétences solides, non seulement grâce à leurs professeurs, mais aussi par le biais d'une entraide entre pairs.

À Candide, l'apprentissage est une symphonie collective. Nos élèves, jeunes et plus âgés, travaillent ensemble, s'entraident à tous les niveaux. Théophile, en terminale, prend ainsi le temps d'expliquer à Mary, en CE1, les bases de la soustraction. Cette coopération est une valeur centrale à Candide, où chacun, peu importe son âge, peut apporter sa pierre à l'édifice commun du savoir.

Des vies transformées

Nous parlons de plus en plus de la « magie » Candide. Cette expression désigne à la fois notre fierté mais surtout notre émerveillement devant les changements qui s'opèrent chez les enfants qui investissent notre concept. Cela déborde des limites de l'école en diffusant les ondes de bien-être et d'amour dans les familles entières.

Figure 18 : Le plus grand et la plus petite

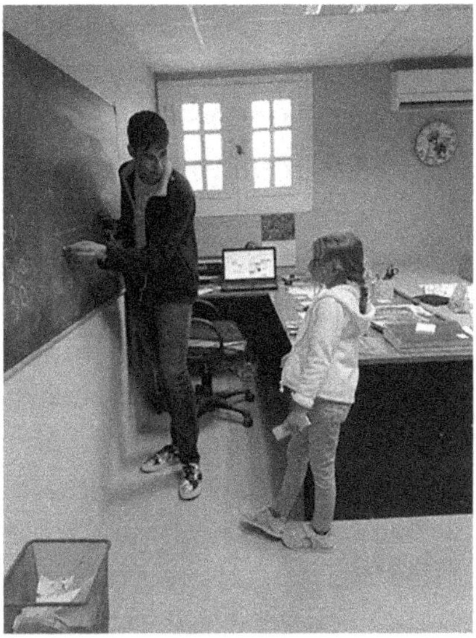

Le témoignage de la mère de François exprime cette gratitude : « Je tenais à vous remercier ainsi que toute l'équipe de Candide pour ces quatre années où François a pu s'épanouir auprès d'adultes bienveillants. Depuis qu'il est en âge d'aller à l'école, c'est la première fois qu'il passe autant de temps dans un seul et même établissement. Cela, vous lui avez permis en vous adaptant à lui et en l'aidant à grandir parmi ses pairs… » François, après quatre années à Candide, a trouvé un espace qui lui permet de s'épanouir et d'être en paix avec lui-même.

Nathalie, quant à elle, souligne les effets positifs sur toute sa famille : « Vous avez transformé nos vies ! Toute la famille et tous nos amis remarquent le bien-être d'Agathe et de Mary depuis qu'elles sont à Candide, comment elles sont heureuses et épanouies. Elles parlent de vous, de tous les professeurs, ainsi que de leurs amis de Candide à tout le monde et c'est un pur bonheur de les écouter. Nous vous sommes tellement reconnaissants. »

L'histoire de Gaston est un autre exemple frappant. Renfermé et en retrait avant son arrivée à Candide, il a retrouvé le sourire et rétabli des liens avec sa famille, en particulier son père : « Gaston est plus souriant, il ne se cache plus sous sa mèche de cheveux. J'ai découvert que je pouvais avoir de réelles discussions avec mon fils. Je ne savais pas qu'il avait tant de choses à dire, et intéressantes en plus. Par ailleurs, il renoue avec son père et accepte de monter à cheval pour qu'il puisse lui enseigner les bases de l'équitation, ce qu'il avait toujours refusé. Mon mari est ravi. »

La « magie » Candide, c'est ce phénomène étonnant qui se produit même chez les enfants meurtris par le système scolaire traditionnel. La carapace qu'ils ont revêtue pour se protéger contre la souffrance se fissure rapidement, parfois même avant que l'élève n'ait officiellement intégré notre école ! Christelle, la maman de Pierre, inscrit en sixième, décrit cet aspect dans un mail : « Le système éducatif classique a toujours été une souffrance pour notre fils. Il n'a jamais réussi à entrer dans le moule et n'a jamais été en phase avec l'école. Son entrée à Candide juste avant Noël en classe de sixième l'a transformé. Notre fils ne subit plus cette pression scolaire constante ni l'incompréhension d'un système où il ne trouvait ni sa place ni d'intérêt intellectuel. À Candide, le changement a été immédiat : serein, posé, il est devenu du jour au lendemain très appliqué en écriture, ce qui a toujours été pour lui extrêmement difficile. Il est beaucoup plus ouvert, communique plus aisément, découvre spontanément des activités qu'il n'avait jamais souhaité pratiquer depuis son plus jeune âge, comme le coloriage, les activités créatives… Il commence également à s'ouvrir à la lecture. Notre fils est enfin épanoui, un poids énorme a quitté ses épaules et aujourd'hui, notre plus grand bonheur est de l'entendre annoncer le matin en partant en classe qu'il est heureux d'aller apprendre ou encore qu'il adore écrire et que c'est ce qu'il aime le plus… Merci mille fois pour votre école, notre petite Charline vous rejoindra l'an prochain. »

Mario, arrivé chez nous en milieu de CM1, porte en lui d'importants troubles « dys ». Sa lecture est hachée, presque saccadée, et d'une lenteur déconcertante. Les mots se dérobent sous ses yeux, insaisissables, et leur sens lui échappe. Quant à son écriture, elle se dessine en une suite de tracés erratiques, presque illisibles, et l'orthographe semble un lointain territoire inexploré. Dans notre école, où l'excellence est la norme à atteindre, l'admettre en CM1 semblait une équation insoluble. Pourtant, une lueur d'espoir subsistait : une place vacante en CE2. Je savais que ma décision choquerait certains, que les murmures s'élèveraient contre cette pratique peu orthodoxe, mais l'histoire de Mario, bien que singulière, nous a enseigné qu'il est parfois impératif de reprendre le fil exact là où il s'est égaré. Une exception, certes, mais une exception nécessaire.

Nous avons confié à la famille la mission de combler les lacunes de l'enfant, de renforcer les bases fragiles. Nous lui avons promis que le chemin serait ardu, semé d'efforts et de persévérance, mais que les fruits de cette confiance seraient tangibles. Quelques jours seulement après son inscription à l'école Candide, la mère de Mario nous a fait part de sa joie : son fils trace désormais des mots lisibles, progresse à pas de géant dans l'art de la lecture, et surtout, retrouve le sourire, ce sourire qui avait déserté son visage à l'approche des bancs d'école.

Le soutien de Candide a redonné espoir à sa famille, et ses grands-parents se sont dit fiers des efforts et des progrès accomplis. Et toutes les familles à qui nous avons proposé ce retour aux fondamentaux, tant il était nécessaire, nous ont adressé leurs remerciements. Elles disent toutes avoir retrouvé leur enfant, leur fils ou leur fille, rieurs et heureux d'aller à l'école.

Cette « magie » qui opère chez tant d'enfants est rendue possible par le temps, l'attention et la compréhension accordés à chacun. À Candide, les enseignants ne se contentent pas d'enseigner ; ils marchent aux côtés des enfants, désamorcent les conflits avant qu'ils n'éclatent, et ouvrent la porte au dialogue. L'accent est mis sur l'équilibre émotionnel et relationnel, enseignant aux enfants des manières d'interagir pacifiques et constructives.

Le tutoiement entre enseignants et élèves, symbole d'une relation d'égal à égal, renforce cette atmosphère de confiance. Loin de diluer l'autorité, il instaure un respect mutuel et une proximité familiale. L'adulte devient alors un guide bienveillant, à qui les élèves peuvent se confier sans crainte. Ainsi, à Candide, l'école devient un lieu où les enfants non seulement apprennent, mais se retrouvent, se réconcilient avec eux-mêmes, et réinventent leurs relations avec le monde qui les entoure.

Nos premières portes ouvertes à L'Isle-sur-la-Sorgue

Lorsque les portes de notre école s'ouvrent en grand, c'est le soleil lui-même qui vient illuminer chaque recoin de nos salles de classe. Dès l'ouverture des portes, une atmosphère lumineuse et accueillante a envahi l'établissement. Les familles, curieuses de découvrir l'environnement de Candide, ont arpenté nos couloirs avec des regards pleins d'anticipation.

Les élèves, véritables ambassadeurs de l'école, ont pris un immense plaisir à faire visiter les lieux, fiers de partager leur quotidien avec les nouveaux venus. Ils ont dévoilé les salles de classe décorées, les espaces créatifs et les tableaux colorés avec enthousiasme. À travers leurs mots, on percevait leur fierté et leur bonheur d'apprendre dans un cadre si bienveillant. « Ici, on apprend en s'amusant » a résumé l'un d'eux, tandis qu'un autre expliquait que les professeurs « sont des guides rassurants et sympas ».

Cette journée spéciale a été agrémentée par deux mamans, Rose et Pascale, qui ont apporté une douce touche de convivialité en confectionnant des crêpes pour nos visiteurs. Pascale, d'ailleurs, a partagé un témoignage émouvant : « Le travail que vous accomplissez est juste extraordinaire. Avec votre philosophie, les enfants sont heureux d'aller en cours. Ce sont des fondations solides pour eux et, grâce à vous, finalement, ils seront un jour installés dans une maison solide, avec une belle ouverture d'esprit et toute une vie d'adulte pour la décorer à leur goût ! (...) » Quant à Rose, elle a exprimé la transformation de son fils : « Mon fils, depuis qu'il est à Candide, a retrouvé son sourire. Il ne parle plus de l'école sous la forme d'une corvée, mais d'une aventure. Merci pour ce cadeau inestimable. »

Au-delà des inscriptions en perspective, ce sont les relations tissées entre l'école et les enfants qui constituent le cœur de notre démarche. Avant l'inscription définitive, chaque élève expérimente deux jours d'essai, une étape cruciale pour garantir que Candide soit l'environnement idéal pour son épanouissement. Il arrive parfois que l'admission ne se concrétise pas, mais nous accompagnons toujours les familles vers une solution alternative qui pourrait mieux correspondre aux besoins de leur enfant.

Candide, notre établissement, n'est point un lieu de frivolités. Ses chats, félins énigmatiques, arpentent les couloirs en toute liberté, mais leur présence ne saurait masquer la rigueur de notre enseignement. D'ailleurs, lorsque des parents venaient se renseigner sur nos méthodes et programmes, nous ne mettions jamais nos chats à l'honneur. Ils le faisaient eux-mêmes en s'installant sur les visiteurs étonnés. L'enfant, conscient de la tâche qui l'attend, s'engage dans une danse délicate entre effort et accompagnement. Jamais seul, il avance dans son cursus, porté par notre sollicitude.

Enfin, un brin d'humour est venu ponctuer cette journée avec une réflexion légère sur l'enthousiasme parental. Il n'est pas rare que chaque enfant soit vu comme un génie par ses parents. On imagine facilement la scène où un bébé est présenté comme ayant déjà résolu des équations complexes avant même d'avoir appris à parler. Pourtant, la réalité du parcours éducatif montre que chaque enfant est unique, avec ses propres talents et défis.

Dans cette école, où l'humain prime sur tout, nous nous efforçons de comprendre les forces et les besoins de chaque élève, car, comme le disait Einstein (ou Winnie l'Ourson), « Tout le monde est un génie, mais si vous jugez un poisson sur sa capacité à grimper à un arbre, il passera sa vie à croire qu'il est stupide ». Candide est cet arbre qui offre aux enfants le terrain de jeu adapté à leurs capacités uniques, les aidant à révéler leur véritable potentiel.

Permettez-moi de vous raconter l'histoire de ce jeune prodige, présenté par sa mère comme un diamant brut, un « génie en herbe ». « Très précoce », affirmait-elle, le regard plein d'espoir. Cependant, bien souvent, la réalité s'avère plus complexe que les équations d'un adolescent en pleine crise existentielle. Ce garçon de 14 ans, tel un petit savant fou, avait été déscolarisé. Pourquoi ? Il était, selon ses propres termes, inapte aux relations sociales. Imaginez-le dans la cour de récréation, cherchant désespérément un algorithme pour se faire des amis, tandis que les autres élèves s'amusaient à jouer au foot. Lui, il tentait plutôt de décoder le langage des conversations de groupe.

Quant à son parcours scolaire, c'était un véritable naufrage. Les mathématiques ? Un labyrinthe sans issue. La grammaire ? Un champ de mines syntaxiques. Et la géographie ? Il croyait que le Groenland était une île tropicale, habitée par des pingouins en maillot de bain. Bref, un désastre.

Le twist, c'est qu'il souffrait en fait de troubles massifs des apprentissages. Son esprit semblait avoir pris chaque matière et les avoir mélangées dans un grand blender cognitif, produisant un mélange indéchiffrable d'incompréhension. Et lorsque nous avons expliqué à sa mère qu'à Candide, les cours commençaient à neuf heures, elle, scandalisée, a répondu : « Mais c'est l'heure à laquelle il se couche ! »

Finalement, la mère, dépitée, admit que notre collège ne convenait pas à son fils. Elle avait rêvé de voir un futur Einstein, mais se retrouvait avec un Schrödinger en herbe, oscillant entre réalité et une dimension parallèle.

En sept ans d'existence, nous avons vu défiler nombre de parents convaincus que leur enfant était précoce. Et la plupart du temps, ce n'était pas le cas. Alors, nous avons pris des mesures drastiques : exit les conjectures, place aux faits. Désormais, chaque enfant prétendument précoce devait passer des tests psychométriques avant d'entrer chez nous. Une énigme mathématique, la récitation d'un sonnet en latin, et la capacité à différencier un chat d'un chien (croyez-moi, ce dernier point n'est pas toujours évident) faisaient partie des épreuves.
Ah, les parents et leurs petits génies ! Que d'histoires vécues avec un brin d'ironie et une pincée de sarcasme, car voyez-vous, dans notre établissement, la précocité semblait être devenue la norme. Entre 70 et 80 % des parents nous présentaient leur enfant comme un futur Einstein.

Bien sûr, j'exagère avec ces histoires de tests, mais cela fait du bien de se détendre un peu, car, comme le disait si bien Confucius (ou peut-être était-ce Einstein ?) : « La véritable intelligence, c'est de savoir qu'on ne sait rien. » Et, après tout, c'est peut-être la plus belle leçon de toutes.

Trahison dans la famille

Dans l'ombre des sourires et des promesses d'une journée ensoleillée, un événement tragique se préparait. Le lendemain matin, à l'aube, alors que la lumière dorée effleurait les murs de notre école, Damien, notre fidèle homme d'entretien, parcourait les couloirs, comme à son habitude. Sa mission du matin ? Nourrir les chats qui se faufilaient dans les recoins de l'établissement.

Mais ce matin-là, une découverte terrible l'attendait : notre école avait été cambriolée. Les ordinateurs, silencieux alliés des enseignants, avaient disparu. Le vidéo-projecteur s'était évaporé, tout comme la sonorisation, et pire encore, les vingt mille euros collectés lors de notre journée portes ouvertes s'étaient envolés avec eux.

Les indices, disséminés comme des fragments de mystère, flottaient autour de nous. Les gendarmes, minutieux, relevèrent trois tasses laissées dans l'évier, traces d'un café nocturne. Pourtant, Damien jurait avoir lavé toute la vaisselle la veille. Ce détail nous troublait. Comment ces tasses, nettoyées la veille, avaient-elles pu réapparaître, remplies de café fraîchement bu ? Les capsules de café, soigneusement jetées, indiquaient que les voleurs connaissaient bien nos habitudes. Cela laissait peu de place au doute : seuls ceux qui étaient familiers des lieux pouvaient agir avec une telle précision.

Nous étions sous le choc, mais fidèles à nous-mêmes, nous collaborâmes avec les gendarmes, confirmant l'histoire de Damien. Ces derniers procédèrent à des prélèvements d'ADN sur les mugs, espérant identifier l'auteur du crime. Pourtant, l'argent avait disparu d'une armoire fermée à clé, sans la moindre trace d'effraction. Les voleurs connaissaient-ils donc si bien l'école qu'ils en étaient devenus des ombres invisibles, des fantômes familiers ?

Deux ans plus tard, en 2018, après que le mystère eut perduré, les gendarmes revinrent pour une visite inattendue. Nous exprimâmes notre surprise devant l'absence de nouvelles concernant l'enquête. L'un des gendarmes, après quelques instants d'hésitation, dévoila enfin la vérité :

– En 2017, nous sommes allés chez Madame X,[29] une ancienne enseignante licenciée pour raisons économiques. Elle avait emporté un ordinateur de l'école et refusait de le rendre. Nous avons retrouvé cet ordinateur et, après un test ADN, la correspondance avec celui retrouvé sur les tasses était confirmée.

– Pourquoi ne nous en avez-vous rien dit ? m'exclamai-je, déconcertée.

Le gendarme, visiblement mal à l'aise, répondit que Madame X avait justifié la présence de son ADN sur place :

– C'est normal qu'on trouve mes empreintes et mon ADN à Candide, j'y ai travaillé pendant des années.

La rigueur des gendarmes ne parvenait pas à dissiper nos soupçons, mais la confirmation était là : nous connaissions désormais l'identité de la coupable. Le puzzle se complétait. Cette femme, qui avait parlé d'un voyage au Maghreb peu après le cambriolage, était directement liée à notre perte. Trois des ordinateurs volés avaient été retrouvés à Meknès, au Maroc, dissipant enfin les brumes qui enveloppaient l'affaire.

Et pourtant, malgré cette épreuve, nous sommes restés debout. Tels des papillons dansant sous un soleil éclatant, nous avons fait face à l'adversité avec grâce et résilience. Chaque chute nous rendait plus forts, nos sourires brillaient plus intensément que jamais. Notre force, comme la sève nourrissant un arbre, coulait en nous, inébranlable. Rien ne pouvait nous abattre, car nous étions les gardiens de l'espoir, les bâtisseurs du bonheur.

Pour les enfants, ces petits soleils en herbe, nous continuions d'avancer. Leurs rires étaient notre carburant, leurs yeux curieux nos boussoles. Pour le personnel, cette équipe loyale et dévouée, nous tissions des liens solides, et leurs sourires complices étaient notre récompense. Et puis, il y avait nos chers

---

29. Par souci de discrétion, nous ne donnerons pas de détails permettant d'identifier cette personne.

chats, ces gardiens silencieux, qui ronronnaient dans les coins sombres, apportant réconfort et sérénité. Ces compagnons discrets étaient les veilleurs de nos nuits étoilées.

Mais l'histoire ne s'arrête pas là. Une famille exceptionnelle, touchée par notre histoire, a activé son réseau. Grâce à eux, quelques ordinateurs, miraculés, sont revenus à nous, plus brillants que jamais. Ils ont été soigneusement reconfigurés pour servir nos élèves. Et malgré le vol, malgré tout, les enfants n'ont pas été pénalisés. Ils ont continué d'apprendre, de grandir, de rêver. Dans leurs yeux, nous avons vu l'étincelle de la victoire.

Ainsi va la vie à Candide. Une école où la joie est notre boussole, où les sourires sont notre richesse. Nous, les gardiens de ce petit monde, continuons d'avancer, guidés par l'amour et la bienveillance. Que les étoiles veillent sur nous, que les chats continuent de ronronner, et que nos sourires éclairent chaque jour à venir.

Chapitre 9

La cinquième année

L'année scolaire 2017–2018 s'ouvrit avec soixante-huit élèves, une cohorte pleine de promesses, mais, comme un maître d'échecs déplaçant ses pions, deux événements guidèrent nos réflexions.

Une quête de sérénité

Nous sommes lasses face à certains comportements parentaux et notre quête de sérénité. En effet, les élèves qui franchissent les portes du lycée portent en eux des années de souffrance ou de conflits avec l'école. Leurs familles, fidèles soutiens jusqu'à présent, sont à bout de forces. Plusieurs parents nous confient, sans détour, leur découragement total. Ils aspirent à une structure qui prendrait en charge intégralement leur adolescent.

Pourtant, nous exposons avec clarté les lignes directrices de notre projet éducatif, à la manière de Candide. Nous insistons sur le fait que nous avons besoin de la collaboration des parents pour entourer et guider ces jeunes âmes, mais parfois, la réalité nous réserve des situations aberrantes, cocasses, voire dramatiques, comme autant de clins d'œil du destin. Voici quelques exemples :

Un jour, un adolescent répond à sa professeure d'histoire qui invite ses élèves à entrer en classe après la récréation : « Tu permets ? Je termine mon coup de fil ! ».

Les parents, alertés par Perrine au sujet de l'insolence de leur fils, sont outrés… mais pas par le comportement de leur rejeton. Ils envoient immédiatement un mail à la direction, demandant de modifier le règlement intérieur pour que leur enfant puisse utiliser son portable en classe. « Nous ne vivons pas dans notre temps », « Nous sommes des arriérés ». Évidemment, nous ne le ferons pas. Nous ne pouvons offrir un service à la carte basé sur l'irrespect. L'adolescent finit par quitter notre établissement et retourner dans un lycée public, son portable en main. Peut-être ont-ils un règlement intérieur plus souple : « Téléphones portables autorisés, insultes gratuites incluses. »

Ajoutons à cela la violence parentale. À plusieurs reprises, des familles se sont montrées menaçantes à notre égard. Des êtres déséquilibrés, comme il en existe dans toutes les écoles. Cependant, ces dernières jouissent d'une protection. Nous, nous sommes à la merci des éléments. Lorsque nous appelions les forces de l'ordre, situées à seulement trois cents mètres, elles prenaient leur temps pour intervenir. L'un d'eux a même eu l'audace de nous avouer qu'ils n'étaient pas pressés de se mettre en danger, préférant attendre que les parents aient quitté les lieux…

Cet autre exemple s'ouvre sur l'intervention de Fabien, un jeune en première scientifique, qui met en lumière une relation toxique entre trois garçons et un autre subissant du harcèlement. C'est lui qui nous éclaire sur la situation. Face à la gravité de leurs agissements, nous nous voyons contraints de les convoquer en conseil de discipline. Chaque élève est reçu individuellement, en présence de ses parents, devant l'assemblée composée de l'ensemble des professeurs, du CPE, du délégué de la classe, et de moi-même en tant que directrice.

Je retrace l'histoire et expose les faits qui nous ont conduits à cette situation. Nous interrogeons Yann sur la portée de ses actes, tentant de le guider dans une réflexion sur les paroles et les gestes qu'il a eus envers son camarade. Comprend-il que la vie de ce dernier sera irrémédiablement marquée par ce qu'il lui a infligé ? À ce moment, la voix de son père s'élève du bout de la table :

– Et mon fils, vous rendez-vous compte que vous allez briser sa vie si vous le renvoyez de Candide ?

Sans commentaire, le fils est finalement renvoyé à l'unanimité du conseil de discipline.

Après leur départ, la salle se fige, le silence devient pesant. Les regards se croisent, oscillant entre incompréhension et colère. Nous sommes chargés de l'instruction de ces jeunes, et non de leur éducation. Hélas, il semble que certains parents ne réalisent pas que le rôle d'éducateur leur revient. Dans les yeux de Yann, nous aurions voulu lire la détresse et la confusion. Le poids des mots de son père, la responsabilité qui lui incombe, tout cela aurait dû peser sur ses épaules d'adolescent en quête d'identité. Dans ce moment solennel, il aurait pu comprendre que les conséquences de ses actes touchent la vie d'un autre, laissant des cicatrices invisibles et façonnant le destin de deux âmes liées par le fil fragile de l'éducation et de la compassion. Rien. La famille, dans sa colère, va jusqu'à me menacer de mort, mais j'y suis déjà habituée.

Voici le deuxième événement : l'Éducation nationale introduit une nouvelle réforme,[30] qui amenuise nos effectifs. Pourtant, nos résultats continuent de briller. En juillet dernier, Théophile, jeune prodige, décroche fièrement son baccalauréat scientifique avec mention. Nos élèves de première, eux, font des épreuves du bac de français un véritable tremplin, transformant ces examens en précieux points supplémentaires. L'un d'eux, porté par l'inspiration à l'oral, atteint même la perfection avec un 20/20, véritable symphonie de réussite.

Cependant, la gestion du corps enseignant s'avère un véritable casse-tête. Nous avons besoin d'une diversité de talents pour guider nos élèves dans leurs parcours. Les heures s'éparpillent,

---

30.https://www.education.gouv.fr/reussir-au-lycee/les-enseignements-de-la-seconde-generale-et-technologique-41651

fragiles comme des fils d'araignée dans le vent et, financièrement, l'association peine à suivre le rythme effréné des besoins pédagogiques.

Prenons la filière scientifique, par exemple, ce jardin secret où les esprits curieux s'épanouissent. Les élèves doivent choisir leur voie, et trois parcours s'offrent à eux, chacun plus exigeant que l'autre :

1. Sciences de la Vie et de la Terre (SVT) : un doux murmure de trois heures et demie par semaine, où les cellules se révèlent, où les écosystèmes se tissent.
2. Sciences de l'ingénieur : un parcours intense de huit heures par semaine, où les équations prennent vie et les machines se dévoilent.
3. Écologie, agronomie, territoires : une aventure immersive de cinq heures et demie, où la nature livre ses secrets et où les sols racontent leurs histoires.

Nos ressources étant limitées, il nous est impossible d'embaucher des professeurs pour chaque discipline spécifique de la réforme de l'État, car les terminales ne choisissent pas tous les mêmes options obligatoires.

Pourtant, malgré ces défis, nos élèves continuent de grandir, de s'épanouir. Leurs rires résonnent dans les couloirs, leurs rêves s'élèvent comme des cerfs-volants. Au cœur de cette complexité, une lumière persiste : celle de l'apprentissage, de la curiosité et de l'espoir.

Ainsi, dans notre école, chaque jour est une aventure. Nos moyens peuvent être modestes, mais notre détermination est immense. Dans le regard de nos élèves, nous trouvons la plus belle des récompenses : l'étoile de la connaissance, brillant au firmament de leur avenir.

Résultat de la réforme de l'État : nos classes de lycée ferment leurs portes, nous redevenons une école du CP à la troisième générale.

Une nouvelle rentrée

Reprenons notre chemin vers nos élèves avec enthousiasme en cette nouvelle rentrée. Voici la composition des classes :

- CE1/CE2 : 8 élèves
- CM1/CM2 : 8 élèves
- Sixième : 13 élèves
- Cinquième : 13 élèves
- Quatrième : 13 élèves
- Troisième : 13 élèves

Au sein de l'établissement, par suite du cambriolage et à la perte tragique des lycéens, je me trouve contrainte de prendre des décisions difficiles pour des raisons économiques. Trois membres du personnel doivent être licenciés. Mon choix se porte d'abord sur deux professeurs, les moins performants de notre établissement prestigieux :

1. Sarah, titulaire d'un simple BTS, refuse catégoriquement d'enseigner autre chose que l'économie aux lycéens (malheureusement, nous fermons cette section). Nous lui avons pourtant proposé des classes de collège ou de primaire en mathématiques, mais elle a décliné. Son intransigeance nous laisse perplexes. Elle semblait chercher le licenciement.

2. Léna, titulaire d'une licence, est également concernée. Une grande partie des élèves et des familles se plaint de son manque d'enthousiasme en cours. Une plaisanterie circule dans les couloirs : « Allons en cours avec Léna, c'est l'occasion de faire une petite sieste ! « Même en conseil de classe,

nous devons souvent la « réveiller « lorsqu'il est temps pour elle de s'exprimer. De plus, au cours d'une journée dédiée aux portes ouvertes, son époux se révéla d'une violence inouïe, me proférant des menaces de mort devant une assemblée de vingt témoins. Un procès-verbal fut dressé en présence du vigile engagé pour cette journée.

3. Enfin, nous devons nous séparer d'Alain, notre CPE au travail admirable. Malgré cette pénible nouvelle, en fidèle ami dévoué, il choisit de rester avec nous bénévolement, le temps que nous puissions lui accorder à nouveau un contrat à durée indéterminée. Cette perspective se concrétisera l'année suivante.

Pour combler le vide laissé par ces départs, nous accueillons Olive, notre nouvelle recrue au contrôle qualité des photocopies. Espérons qu'elle apportera autant de rigueur que d'efficacité à cette tâche souvent sous-estimée !

Figure 19 :
Contrôle qualité avec Olive

Histoire de gros sous

La question financière, une ombre persistante, se dresse devant nous, incontournable et implacable. L'école gratuite, ce doux rêve que je chéris, demeure hors de portée dans cette réalité. Aucune subvention ne viendra jamais éclairer notre chemin. Nous sommes seuls, à la merci des vents économiques, cherchant désespérément des mécènes ou des bienfaiteurs.

Les cotisations scolaires sont notre unique bouée de sauvetage. Les parents, nombreux, affirment que c'est le prix à payer pour le service rendu. Pourtant pour moi, c'est un poids lourd à porter. Je voudrais tant ouvrir nos portes à chaque enfant assoiffé de savoir, quel que soit son statut social. Les premiers pas sont hésitants : deux-cent-soixante euros, fixés en concertation avec le comptable. Cependant, les salaires des enseignants, ces transmetteurs du savoir, grèvent notre budget (70 % pour être précis). Au fil du temps, nous ajustons notre cap, fixant la cotisation à trois-cent-quatre-vingt-dix euros par mois. Nos tarifs restent inférieurs à ceux des autres écoles hors contrat de la région, un réconfort fragile face à la réalité.

Malgré les chiffres, mon cœur s'ouvre à la détresse. Des enfants, des familles, des rêves brisés par des barrières financières. Chaque année, je tends la main à une dizaine d'élèves, sans attendre de contrepartie. Leur sourire et leur soif d'apprendre sont ma plus belle récompense. Je dois avouer que si Céline ne m'avait pas secondée en tant qu'adjointe, l'école n'aurait pas survécu au-delà d'une année, car j'aurais inscrit la moitié des élèves gratuitement.

Quant à notre personnel, je les entoure d'une indulgence sans faille. Je leur propose des contrats à durée indéterminée dès le départ. Ils foulent les couloirs dès juillet, avant même que septembre n'effleure l'horizon. Le salaire, modeste, les rassemble tous – professeurs, CPE, secrétaire – dans une égalité fraternelle : mille quatre cents euros nets, peu importe le poste occupé. Leur dévouement et leur passion sont ma récompense. Je ne me rémunère pas, car leur bien-être et leur épanouissement n'ont pas de prix.

Enfin, lorsqu'un membre du personnel doit s'absenter pour cause de maladie (ce qui est très rare à Candide), je fais preuve d'empathie. Aucune heure d'absence n'est décomptée de sa fiche de paie, même s'il s'agit de plusieurs jours. Après tout, la santé de nos collaborateurs est une priorité, et je crois en la solidarité au sein de notre établissement. L'avenir me démontrera à quel point je suis naïve…

Candide, tel un aimant, attire des familles aux profils variés. Dans les premières classes, nous croisons des parents qui redoutent l'entrée dans la « grande école ». Dès les premiers pas de la scolarité, ils optent pour une voie différente, motivés par diverses raisons. Leur priorité ? Le bien-être de leur progéniture. Ils estiment que leur enfant ne peut s'épanouir dans le système public. Parallèlement, ils refusent les écoles alternatives, désireux d'un réel accompagnement tout en respectant les programmes nationaux pour que leurs enfants puissent se présenter aux examens nationaux.

Au fil du primaire, les contours cognitifs et intellectuels des élèves se dessinent. Les enseignants scrutent les réactions de leurs apprentis, tandis que les spécialistes amorcent leurs diagnostics. La plupart du temps, nous accueillons des enfants précoces, voire prodiges, ou encore des élèves aux troubles d'apprentissage, tels que la dyslexie, qui créent des situations de rejet ou de marginalisation.[31]

La toile de Candide se tisse, mêlant les fils de l'individualité, de la curiosité et de l'aspiration à grandir. Dans cette école, chaque enfant trouve sa place, tissant son propre récit au sein de cette trame éducative.

---

31. Pour plus d'informations sur les troubles des apprentissages, se reporter à l'annexe 1.

L'entrée en sixième marque un tournant majeur dans le parcours scolaire, entraînant une multitude d'inscriptions pour ce niveau. Les familles ressentent une certaine appréhension face à ce « grand bain » : l'anonymat, le contact avec les plus âgés, les fréquentations potentiellement néfastes pour leur pré-adolescent, le manque de relations avec l'équipe enseignante…

Si les études de l'élève requièrent des adaptations spécifiques en classe (comme un ordinateur), les problèmes d'organisation suscitent l'angoisse chez les parents. Mon enfant sera-t-il capable de gérer cela ? Ne sera-t-il pas submergé par la masse ? Sera-t-il reconnu dans ses particularités ? Parfois, ils attendent l'entrée en sixième pour « voir », ce qui nous conduit à de nombreuses inscriptions en cours d'année si le premier regard n'a pas été satisfaisant.

Le diplôme national du brevet : une reconnaissance

Au cœur de notre établissement, les résultats au brevet scellent la qualité de notre travail. Les parents, adeptes des traditions, hésitent parfois à quitter le système d'éducation classique, malgré leurs insatisfactions. Au début, lorsque l'enfant est encore tendre, ils nous confient, presque avec désinvolture, qu'ils ne se soucient guère de cet examen. Leur priorité ? Le bien-être et l'épanouissement de leur progéniture.

Cependant, au fil des années, alors que l'avenir se dessine, leur intérêt pour le brevet grandit. Ils réclament la réussite à cet examen, comme un précieux sésame pour l'avenir. Heureusement, dès les premiers jours, j'ai mis en place un enseignement d'excellence, un rempart contre l'imprévu. Nos élèves, sans avantages préalables, se lancent vaillamment dans l'arène du brevet, devant conquérir 400 points le jour J, sans filet de sécurité, contrairement aux établissements publics ou privés sous contrat.

Voici notre constat, fruit de cinq années d'examen : la moyenne générale d'un élève en troisième à Candide reflète la mention qu'il obtient au brevet. Une symphonie de réussites, où 91 % des élèves ont écrit leur propre partition de succès. En comparaison, la moyenne nationale sur ces cinq années est de 87 %.[32]

Les témoignages ci-dessous illustrent la gratitude des familles face à la réussite de leur enfant :

« Nous venons vous dire un grand merci pour tout ce que vous avez apporté à Grégoire. Le résultat, c'est qu'il a réussi son brevet, qu'il a repris confiance en lui et qu'il entre au lycée Alphonse Benoit (comme il le voulait). Merci encore à toute l'équipe. Bonnes vacances et à la rentrée avec sa sœur Annaëlle. »

Ou ce mail du père de Cécile, dont la famille a vécu une période difficile sur le plan financier. Cécile évoluait si bien que c'était un déchirement de la voir retourner dans le public. Je lui ai offert sa scolarité pour sa dernière année de troisième :

« Je tenais spécialement à vous remercier chaleureusement pour le cadeau que vous avez fait à Cécile en lui permettant de rester cette année de troisième dans votre établissement dont elle affectionne le mode d'éducation original. Le résultat au brevet et à l'examen de passage en seconde démontre bien qu'un modèle plus proche de l'enfant et moins abrutissant est parfaitement adapté aux exigences des programmes scolaires actuels. Merci encore d'avoir permis à Cécile de goûter à cela pendant deux ans et de lui avoir redonné confiance en ses capacités et le goût d'apprendre. Sa mention au brevet vous est dédiée. »

Comme le mentionne ce père, lorsque nos élèves retournent dans un lycée traditionnel après avoir fait leur cursus dans une école hors contrat, ils doivent passer un examen pour accéder

32. Annexe 3, tableau 5 : Réussites et mentions au brevet.

à la classe de seconde. Pourtant, chez nous, cette transition se fait presque sans encombre : 99 % d'entre eux réussissent haut la main.

Cependant, il y a aussi des familles qui commencent à réaliser que, bien que le brevet ne soit pas une barrière pour la transition vers la seconde, il reste un point pivot dans le parcours de l'élève. Les questions d'orientation émergent dès la fin de la quatrième, semant le doute et l'incertitude. Chaque choix, chaque décision, chaque pas vers l'avenir est scruté avec attention, car ils déterminent le chemin que l'élève empruntera. C'est un moment de réflexion, d'interrogation et parfois de confusion, mais c'est aussi un moment de croissance et de découverte de soi. L'examen du brevet se dresse alors comme un phare dans la tempête, guidant et éclairant le chemin. À noter qu'en 2025, l'obtention de cet examen sera obligatoire pour accéder au lycée.[33]

Ah, les joies de l'éducation alternative ! J'ai été la cible de parents qui, dans un élan d'optimisme débordant, pensaient qu'une année dans notre établissement transformerait leur enfant en candidat idéal pour le brevet, toutes disciplines confondues. Cependant, je n'ai jamais tremblé face aux menaces physiques des familles, car je suis une philosophe dans l'âme. En revanche, j'ai dû intervenir pour la sécurité des parents devant la grille du groupe scolaire, notamment lors d'un incident où un parent, un peu trop passionné, a commencé à menacer les autres, clamant que son « petit ange « de 13 ans était victime de persécutions. Quel spectacle ! Et quelle apothéose lorsque nous lui avons suggéré, avec toute la diplomatie du monde, d'inscrire son enfant dans un collège public.

---

33. https://www.studyrama.com/revision-examen/reussir-le-brevet-des-colleges-dnb/le-brevet-deviendra-indispensable-pour-acceder-a-la-classe-de-seconde-a-partir-de-la-session-2025.

Nous accueillons des élèves de quatrième, dont les parents, à ce stade de leur scolarité, nourrissent l'espoir de voir leur enfant progresser jusqu'à la troisième. Ils jugent que leur progéniture est encore dans l'innocence de la jeunesse, trop jeune pour sceller son avenir professionnel — et ils ont souvent raison. Ils choisissent de leur offrir l'opportunité d'aller au-delà, de découvrir de nouveaux horizons.

Cependant, cette situation n'est pas dénuée de difficultés. Certains parents, résolument contre l'orientation de leur enfant vers une voie professionnelle, s'insurgent si l'élève ne décroche pas son brevet. Lors des entretiens d'admission, nous soulignons que l'élève, arrivé si tard et après tant d'efforts, pourrait ne pas être présenté à cet examen. Les relations avec ces familles désemparées peuvent parfois être tumultueuses, et nous pouvons être les victimes d'incidents violents inimaginables.

Malheureusement, le fait que Candide soit une structure à taille humaine ne nous protège pas des drames qui se déroulent dans les établissements traditionnels. Nous sommes tous liés par les fils fragiles de l'éducation, et parfois, ces fils se tendent jusqu'à se rompre. Nous sommes tous dans le même bateau, naviguant dans les eaux tumultueuses de l'éducation, cherchant à guider nos élèves vers un avenir sûr et prometteur.

Ainsi que l'indique le tableau 2 de l'annexe 3, 36 % des élèves entrent à Candide avec une moyenne inférieure à 10, tandis que seulement 16 % d'entre eux ont une moyenne comprise entre 14 et 20.[34] Pourtant, à la fin de leur cursus ou pendant leur année de troisième, 52 % obtiennent une moyenne générale comprise entre 14 et 20.[35] Autre élément important : 36 % des élèves augmentent leur moyenne de 0 à 2 points, 52 % l'augmentent de 2 à 4 points[36] et 11 % l'augmentent de plus de 4 points. Les progrès sont visibles chez tous.

---

34. Annexe 3 tableau 2 : Moyenne des élèves à l'arrivée à candide.
35. Annexe 3 tableau 3 : Moyenne des élèves de 3e en fin de cursus.
36. Ann. 3 tab. 4 : Augmentation du nombre de points en fin de cursus.

Orthophonie à l'école

Les enfants, ces étoiles en devenir, se cognent aux murs de l'incompréhension. Leurs ailes, alourdies par des normes rigides, peinent à se déployer. Céline, elle, déplie patiemment les plumes, répare les brisures, tisse des passerelles entre les syllabes. Pourtant son rôle va bien au-delà de celui d'une simple béquille. Elle est la fée des possibles, la magicienne des sons, la compagne de ces petits naufragés du langage.

Dans le silence de ses séances, elle murmure à leurs oreilles : « Vous n'êtes pas seuls. Ensemble, nous bâtirons des ponts vers la compréhension, vers la confiance en vous, car chaque mot retrouvé, chaque son apprivoisé, est une étoile qui brille dans votre ciel intérieur »[37].

Céline, dans son noble métier d'orthophoniste, parcourt les couloirs de l'éducation, tissant des liens avec des enseignants investis, de véritables compagnons de route dans cette quête auprès des jeunes. Cependant, elle croise aussi des âmes fatiguées, épuisées par les conditions de travail, malgré leur ardent désir d'aider leurs élèves. Dans le domaine des troubles des apprentissages, comment avancer sans connaissances solides ? La formation initiale des enseignants en France ne consacre qu'un maigre quota d'heures à ce sujet, alors que près de 10 % de la population est touchée par ces difficultés. Seuls les volontaires ont accès à une formation continue sur les troubles « dys ».

À force de cloisonner l'éducatif et le paramédical, nous érigeons des barrières. Pour l'enfant en proie aux difficultés scolaires, c'est l'entrée dans un univers rééducatif, parfois à la marge de l'école. Ces problèmes, trop souvent stigmatisés, mènent

---

37. L'orthophoniste est un professionnel paramédical qui intervient sur prescription du médecin dans le champ des retards ou des troubles du langage oral ou écrit, de la voix, des fonctions oro-myo-faciales ou de la cognition mathématique.

à l'échec. Que faire de l'étiquette qui colle au front, masquant l'essence même de l'enfant ? Les troubles « dys », c'est un doigt appuyé en permanence sur une plaie. Céline, elle, rêve d'une école où l'enfant serait au centre des préoccupations de l'adulte, où l'orthophonie serait un compagnon de voyage, une boussole guidant les pas de chaque élève vers la lumière.

Au sein des murs de Candide, où les étoiles de l'apprentissage scintillent, Céline tisse des fils d'espoir pour les élèves aux ailes fragiles, porteurs de troubles des apprentissages. Elle imagine des ateliers intégrés dans l'emploi du temps, autant de clés pour ouvrir des portes vers la compréhension et la confiance.

Certains élèves, englués dans les sables mouvants des difficultés scolaires, sont dispensés de la deuxième langue étrangère. C'est durant ces moments privilégiés que s'épanouissent les ateliers de mémoire-attention, de lecture approfondie et de frappe au clavier (ce dernier exercice est dispensé par mes soins). Les élèves « dys », comme nous les appelons avec affection, ne se sentent pas isolés. À Candide, chaque enfant évolue à son propre rythme, à l'abri des moqueries de leurs pairs. Nous leur racontons l'histoire fascinante du cerveau, cette machine extraordinaire capable de contourner les obstacles lorsque certaines zones sont en travaux.

Lorsqu'un enfant est reconnu dans sa singularité, lorsqu'on favorise ses talents uniques et qu'on lui enseigne la confiance en lui-même, nous l'aidons à bâtir des circuits compensatoires, des passerelles vers la réussite. Subtilement, nous intégrons des techniques de rééducation dans les moments de classe, sans jamais proclamer qu'il s'agit de méthodes spécifiques.

Céline fut sensibilisée à cette réalité par une enseignante, complice dans cette quête. En discutant d'une élève qu'elles suivaient toutes deux, l'institutrice, humble, partagea son expérience : « J'ai mis en place les adaptations que vous m'aviez conseillée pour aider Iris. Ça fonctionne ! Elle ne fait plus d'erreurs, et ses cahiers sont impeccables. J'ai remarqué que ces aménagements bénéficient à toute la classe, permettant à chaque enfant de profiter de ce dont il a besoin. Cela élimine les soucis avant qu'ils ne deviennent des problèmes. »

Erwan, 11 ans, franchit les portes de Candide, son ordinateur en bandoulière, tel un bouclier. Dyspraxique, il navigue dans un monde où les lettres dansent, parfois insaisissables. Ses résultats scolaires varient en constellations hétérogènes, mais à l'oral, il brille d'intelligence. À l'écrit, cependant, il se fige, tel un oiseau qui refuse de quitter son perchoir.

Un jour, lors d'un atelier de mémoire-attention, Céline découvre qu'Erwan ne peut pas former les lettres de l'alphabet à la main. Il ne trace que des capitales d'imprimerie. Céline, telle une alchimiste des mots, lui propose un pacte : trois séances dans la classe de CP, avec une méthode d'écriture adaptée aux adolescents. Erwan, flatté d'être considéré comme un « grand », accepte.

Au fil des séances, il découvre les pleins et déliés, comme un funambule sur le fil des lettres. Les CP, insouciants, ne se posent pas de questions et accueillent sa différence avec enthousiasme, ravis qu'il vienne à leur secours une fois ses exercices terminés. Avide d'apprendre, Erwan demande à poursuivre ce travail. Son écriture évolue rapidement, et bientôt, il ose écrire à la main durant un cours de mathématiques. Avec la complicité du professeur, l'acceptation est tacite, et tous les exercices prennent vie sur son cahier. Sa progression, bien qu'entachée de quelques hésitations, est flagrante.

Un jour, pendant la récréation, Erwan confie à Céline qu'il a déclenché une passion pour l'écriture : lorsqu'il est seul chez lui, il recopie des textes et a entamé la rédaction d'un cahier intime. Désormais, il veut écrire à la main tout le temps, délaissant son ordinateur, ce fidèle compagnon de l'ombre. Dans ces mots tracés, c'est la clé ouvrant vers son propre univers que trace Erwan.

Nous sommes les passeurs de lumière, les artisans de l'envol. Chaque enfant, unique et précieux, porte en lui des étoiles. Si nos méthodes se mêlent et nos mondes se rejoignent, alors peut-être, à travers le doux chuchotement des mots et le battement des ailes, nous tisserons des avenirs plus lumineux.

Chat miroir

Il est presque mythique qu'un enfant entretienne des relations violentes avec les chats. Pourtant, cela s'est produit une seule fois en près de sept années scolaires. Nous avons accueilli un jeune garçon de neuf ans, élève en CE2, dont le comportement s'avère être un défi pour ses pairs. En classe, il ne s'investit que sous la contrainte, endommage, brise ou égare son matériel. Dans la cour de récréation, il provoque de nombreux conflits, usant de brutalités physiques et verbales. Sa mère nous a confié que son caractère s'avère particulièrement difficile à la maison. Un jour, alors qu'elle était prise d'un malaise et sollicitait son fils pour lui remettre le téléphone afin d'appeler les secours, Mathieu demeura insensible à sa requête. Traumatisée par la froideur de son enfant, elle prit contact avec un psychologue.

Le week-end, Mathieu séjourne chez son père, mais il se plaint de ne pas être aimé et de ne recevoir guère d'attention. C'est une situation déchirante, un tableau de vie révélant les défis de l'éducation. Chaque jour est un nouveau chapitre dans cette histoire complexe, chaque moment, une nouvelle page dans le livre de la vie de Mathieu. En tant qu'éducateurs, nous nous efforçons de l'aider à naviguer dans ces eaux tumultueuses, à trouver son chemin dans ce labyrinthe de l'apprentissage. Nous sommes là pour tous nos élèves, pour les aider à grandir, à apprendre et à devenir la meilleure version d'eux-mêmes. C'est notre mission, notre passion, notre engagement. Malgré les défis, nous continuons à avancer, à enseigner, à guider, à inspirer, car c'est ce que nous faisons. C'est ce que nous sommes. Nous sommes des éducateurs. Et nous en sommes fiers.

Un jour, alors que le crépuscule de la journée scolaire approchait, Damien, notre dévoué homme d'entretien, fut témoin d'un acte déconcertant. Mathieu avait saisi Paillette, l'une de nos chattes, par le cou et, avec une indifférence glaciale, la frappait au ventre de sa main libre. Sous le choc, Damien nous alerta. À notre arrivée, nous avons découvert Mathieu, imperturbable, sans la moindre trace d'émotion face à la pauvre créature qu'il maltraitait. C'était un spectacle troublant, une image qui resterait gravée dans nos mémoires. Rassurons le lecteur : Paillette, dorlotée et entourée d'affection, n'a pas gardé de séquelles. Elle a retrouvé sa joie de vivre, sa curiosité insatiable et son amour pour les caresses et les jeux. Malgré l'ombre de cet incident, elle continue à briller, à apporter de la joie et du réconfort à tous ceux qui la côtoient.

Le père, appelé sans délai, minimise l'incident, jugeant que le comportement de son fils n'est pas alarmant. Cependant, c'est dans les conséquences de cet acte de rage que réside l'intrigue. Nous découvrons que la mère s'est séparée du père à la suite de violences physiques auxquelles l'enfant avait été témoin. Le chat se révèle être le reflet de son instabilité psychique. Il est à la fois le réceptacle de ses projections, où il peut exprimer son ressentiment envers son père, et le vecteur de son identification à ce dernier. L'animal lui permet d'extérioriser sa douleur tout en l'incarnant.

Nous excluons immédiatement l'enfant, qui sera pris en charge par un pédopsychiatre de renom. Ce dernier nous informe que Mathieu porte en lui une violence si intense qu'il devrait être placé dans un établissement spécialisé. C'est une situation complexe, où les émotions, la psychologie et la sociologie s'entrelacent, créant un tableau fascinant et déchirant de la nature humaine.

Heureusement, le plus souvent, le chat se révèle être un miroir exceptionnel. Tel un reflet lumineux, il capte les émotions et les intentions des âmes qui s'approchent de lui. Dans la douceur de sa fourrure, les élèves cherchent à tisser des liens subtils, à gagner l'affection de leurs professeurs. Ils dévoilent des trésors de tendresse, autant de pétales délicats offerts à la vie.

Ce lien avec le chat est une symphonie silencieuse. L'animal ne connaît pas la duplicité. Il est pur, sincère, sans artifice. Ses yeux scrutent le monde avec une clarté désarmante. Il sait réagir, parfois avec douceur, parfois avec une pointe d'irritation, à chaque sollicitation. Dans cette authenticité, l'enfant ou l'adolescent se découvre. Il s'autorise à être lui-même, à exprimer ses joies, ses peines, ses colères.

Le chat devient alors le confident, le complice secret. Il écoute les murmures de l'âme, les confidences chuchotées dans l'ombre de la salle de classe. Il sait garder les secrets, les caresses, les larmes. Tout comme l'animal, l'enfant a le droit d'être authentique. Dans ce doux échange, ils se guérissent mutuellement, tissant un fil invisible qui les relie au cœur de leur vulnérabilité. Et peut-être, dans le silence feutré de la bibliothèque, le chat murmure-t-il des mots d'encouragement, des ronronnements apaisants, offrant à l'enfant la certitude qu'il n'est jamais seul dans ce grand théâtre de la vie.

Bilan félin de 2018

En l'an 2018, nous dressons un premier bilan de nos félins : combien parmi eux ont élu domicile parmi nous depuis les premiers jours ? Et par quel enchevêtrement de circonstances avons-nous tissé ces liens avec nos compagnons à quatre pattes ?

Dans les arcanes du tableau 6, niché au sein de l'annexe 4, se dessine une révélation singulière : le nombre de femelles est en parfaite harmonie avec celui des mâles. Dans une chorégraphie équilibrée, nos chats, qu'ils soient doux matous ou fiers matelots, ont su se frayer un chemin jusqu'à nos cœurs, sans distinction de genre. Ils ont traversé les saisons, les ruelles, les ronronnements et les miaulements, pour s'ancrer dans notre quotidien, forgeant des liens indéfectibles entre leurs pattes veloutées et nos âmes émerveillées.[38]

Dans les couloirs de notre refuge félin, cette belle parité s'étend. Le nombre de mâles égale celui des femelles, créant une harmonie qui résonne dans chaque recoin. Un équilibre subtil, tels les pas d'une danseuse étoile, où chaque chat trouve sa place au sein de notre doux sanctuaire.

Soixante-huit pour cent de ces félins nous sont confiés par des familles bienveillantes qui ont croisé leur chemin. Pour quarante et un pour cent d'entre elles, la naissance d'une portée a été le prétexte de leur présentation. Pour vingt-sept pour cent, ces boules de poils ont été découvertes abandonnées, cachées au bord de la route ou dans l'ombre des haies. Il y a aussi ces neuf pour cent d'âmes solitaires, ces chats errants qui ont franchi nos portes sans tambour ni trompette, tels des vagabonds cherchant refuge dans nos bras ouverts. Parmi eux, vingt-trois pour cent sont des chatons, petits miracles de vie qui grandissent entre les pages des livres et les rires des enfants.

38. Annexe 4, tableau 6 : Sexe des chats et mode d'arrivée à Candide.

Nos élèves, nos parents, nos amis, sont les artisans de ces rencontres. Ils sont les passeurs d'amour, les créateurs de liens. Et parfois, au détour d'un couloir, un chat décide de s'installer chez nous. Peu importe qu'il y ait déjà une dizaine de congénères à partager ce lieu ; il choisit, en toute liberté, de faire de notre établissement son foyer.

Et puis, il y a Pomponnette. Elle, la chatte sauvage et mystérieuse, a choisi mon bureau à deux reprises pour mettre bas. La première fois, nous étions absentes, laissant derrière nous un écrin de douceur. La deuxième fois, alors que Céline et moi étions plongées dans nos dossiers, Pomponnette a commencé à expulser ses petits sous notre bureau. Nous avons tenu sa patte, essuyé ses larmes et coupé le cordon ombilical. Dans ses yeux, une gratitude infinie, comme si elle savait que nous étions là pour l'aider à donner la vie.

Pomponnette, est-ce le hasard qui l'a guidée vers nous ? Nous n'avons pas de réponse. Cependant, chaque fois que nous repensons à ce moment, nous sommes émerveillées. Cette petite maman, elle aussi, a droit à sa part de bonheur. Elle est stérilisée, choyée, suivie par notre vétérinaire. Dans le silence de nos nuits, elle veille sur sa portée, offrant à ses chatons un foyer doux et aimant, au cœur de notre école qui bat au rythme des ronronnements et des caresses.

Plus de trois-quarts des chats sont des chatons (77 %), ce qui est logique, car ce sont souvent eux que l'on retrouve perdus au bord des routes.[39]

39. Annexe 4, tableau 7 : Âge d'arrivée des chats et départs de Candide.

Figure 20 : Un chaton en cours d'espagnol

Les autres, une quinzaine, restent fidèles à l'établissement. Ils ne sont pas de ces chats errants sans but. Ils préfèrent les salles de classe, les paniers douillets et les blousons des élèves. Ils se joignent aux groupes de travail, apprécient la compagnie humaine et ont leurs préférences bien définies.

Duchesse, avec son pelage soyeux, a un faible pour la classe de Sophie, où les langues anglaise et espagnole résonnent toute la journée. Mickey, quant à lui, est attiré par les devoirs en mathématiques d'Alain, tandis que Donald, toujours curieux, explore chaque recoin à la recherche du lieu idéal. Malgré l'agitation des élèves, ces félins demeurent sereins. Ni l'excitation ni la peur ne perturbent leur tranquillité. Ils sont là, constants, participant à toutes les étapes de notre vie scolaire. Et lors des conseils de classe, si vous prêtez l'oreille, vous pourrez les entendre commenter les bulletins, tels de sages conseillers à quatre pattes.

Figure 21 : Simba devant les bulletins des élèves

Figure 22 : Conseil de classe avec Crousty

Nos chats vérifient aussi les équipements informatiques et participent aux cours de programmation.

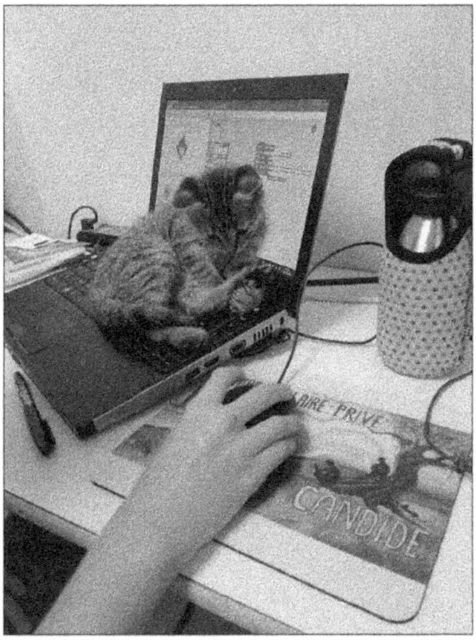

Figure 23 : O'Malley et la maintenance informatique

Ils s'avèrent aussi très doués pour souffler les réponses des exercices aux élèves...

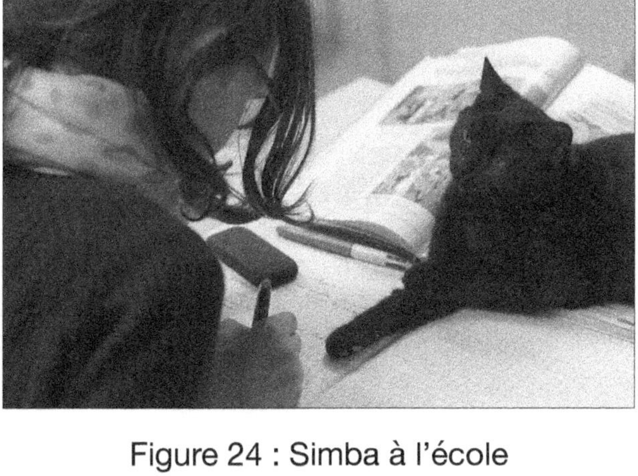

Figure 24 : Simba à l'école

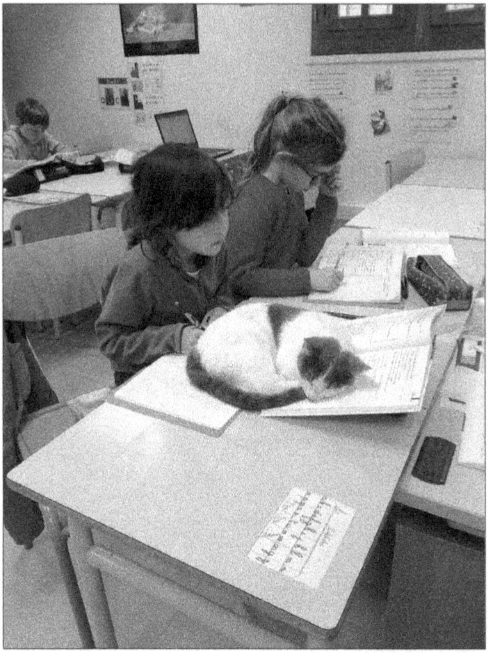

Figure 25 : Princesse apprend avec les CP

Parfois, ils peuvent devenir encombrants, mais on leur pardonne tout. Juliette, concentrée sur son exercice, tente de relier les points numérotés, mais voilà que Princesse, la chatte espiègle, décide de jouer les perturbatrices. D'un air innocent, elle s'étale gracieusement sur le livre de Juliette, comme si elle avait choisi ce moment précis pour une sieste improvisée. Les chiffres « 1 », « 2 » et « 3 » disparaissent sous son pelage soyeux, et Juliette se retrouve à jongler entre les points et les poils. Princesse, elle, ronronne doucement, l'air de dire : « Les mathématiques, c'est surfait. Viens plutôt me caresser. » Et voilà comment un simple exercice devient un casse-tête à deux inconnues : X pour Juliette et Z pour Zzzz… Princesse.

Et que dire d'Olive, qui veut absolument participer à l'interview de TF1 avec les CP ?

Figure 26 : TF1, les CP et Olive

Les chats adorent le confort d'un blouson « oublié » sur le bureau voisin !

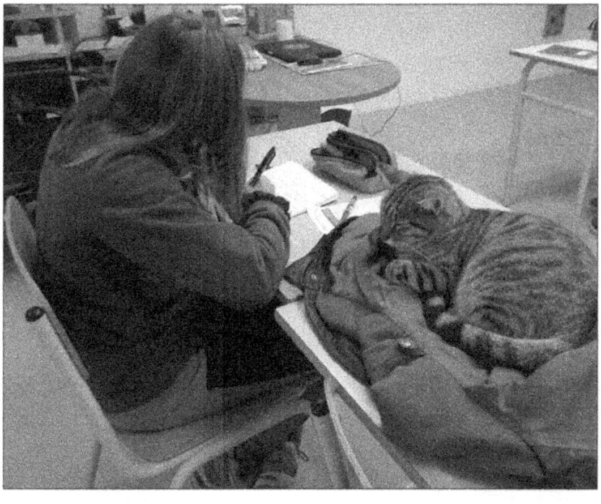

Figure 27 : Mélanie et Donald en devoirs

Laisser pénétrer les félins dans les enceintes scolaires exige une minutieuse attention, tant pour leur bien-être que pour le maintien de l'hygiène. Trois d'entre nous, membres de l'équipe, ont ardemment passé l'examen du Certificat de capacité animaux domestiques (CCAD),[40] avec une spécialisation féline. Nos compétences sont ainsi certifiées, et nos matous, bien qu'insouciants, sont entre de bonnes pattes. Alain, notre Conseiller principal d'éducation (CPE), navigue avec adresse dans les méandres administratifs et vétérinaires qui entourent nos félins. À ses côtés, Céline et moi formons un trio dévoué, veillant sur nos compagnons à quatre pattes avec une attention particulière. Alain orchestre les rendez-vous chez le vétérinaire, veille à leurs vaccinations et à la prévention des maux qui pourraient les affliger. Dans l'intimité de son cabinet, il consigne minutieusement leurs périples et leurs soins dans deux précieux ouvrages : le Livre des Entrées et Sorties et le Livre des Soins. Ces pages, empreintes de dévouement, racontent les histoires silencieuses de nos amis à poils, et Alain en est le scribe attentif. Il est obligatoire de maintenir à jour ces registres lorsque des félins partagent l'espace d'un établissement scolaire, une responsabilité qui ne peut être négligée.

Damien, surveillant assidu, veille sur les lieux du matin au soir. Il s'occupe des tâches délicates : la propreté des litières, le ravitaillement en eau et la distribution des croquettes. Les élèves, de temps à autre, se joignent à lui pour nourrir nos compagnons à poils et les brosser avec une douceur mesurée. C'est une leçon précieuse pour un enfant : apprendre à brosser sans exercer de pression excessive.

---

40. CCAD : certificat de capacité des animaux de compagnie d'espèces domestiques. Il atteste de nos connaissances relatives aux besoins biologiques, physiologiques, comportementaux et à l'entretien des animaux de compagnie.

Lors des weekends et des vacances, Damien reste fidèle à son poste, apportant affection, jeux et croquettes supplémentaires. Dans ces moments privilégiés, nous, les humains, sommes également présents pour nos activités de direction. C'est l'occasion de savourer les ronrons, les câlins et les jeux, dans une atmosphère où les miaulements se fondent en une aubade apaisante. Il n'est pas rare de voir un enseignant choisir de travailler dans sa classe plutôt que chez lui, simplement pour tenir compagnie aux animaux.

Mais les chats ne seront bientôt plus nos seuls compagnons ! Un poulailler est sur le point de rejoindre notre petit monde, et ses principes sont soigneusement expliqués dans la lettre d'information destinée aux familles.

Un poulailler à l'école : un projet pédagogique et écologique

Le Groupe scolaire Candide est, depuis sa création, le seul établissement en France et dans le monde à faire vivre une quinzaine de chats parmi ses élèves. La ronronthérapie tient une place primordiale dans l'épanouissement des élèves et du personnel. Ainsi, l'idée de posséder quelques poules germe naturellement et vise plusieurs objectifs.

Outre le fait de responsabiliser l'ensemble des élèves face aux animaux, ces gallinacées leur permettent d'être sensibilisés à l'environnement par la question du gaspillage et de l'utilisation des restes alimentaires. Les déchets d'assiettes et les épluchures sont distribués aux poules à la fin du repas.

À Candide, c'est déjà presque une habitude puisque les chats profitent des restes déposés dans un plat leur étant spécialement destiné ; le reste des déchets recyclables est distribué dans un composteur construit pour l'école par les élèves de primaire l'année dernière. Il faut rappeler qu'il n'existe pas de cantine dans l'établissement mais que les enfants apportent leur propre panier-repas chaque jour.

Trois poubelles sont donc mises à la disposition des élèves et des membres de l'équipe : une pour les poules et les chats, une pour le compost et une pour ce qui ne peut être recyclé. Le but est de faire prendre conscience aux enfants de l'importance de l'éco-citoyenneté en espérant, qu'indirectement, ils transmettront cette leçon de vie à leurs parents lorsque c'est nécessaire.

Chaque poule pond environ 180 œufs par an. Les œufs sont vendus aux familles afin que l'association puisse subvenir aux besoins en nourriture supplémentaire (graines) ainsi qu'aux soins vétérinaires.

Bien que la tendance à l'écologie soit plus franche ces dernières années, une famille produit environ 285 kg de déchets par an et il reste encore beaucoup à faire pour réduire les volumes et améliorer leur recyclage.

Au niveau de l'école, c'est un véritable défi d'arriver à une production minime de déchets.

Voici les quelques points de vigilance concernant l'accueil de poules dans notre structure :

Hygiène et santé dans les écoles (Eduscol 2009)[41]

« Deux règles doivent être respectées :

- s'agissant d'animaux à plumes ou à poils, prévoir une consultation vétérinaire, préalable à l'introduction de l'animal en classe, et le suivi régulier de l'animal ;
- s'agissant des personnes, effectuer un lavage systématique des mains après manipulation (lors d'un changement de litière, d'un nettoyage de cage…). »

41. https://www.education.gouv.fr/media/6182/download

Nos poules sont à l'extérieur, dans un enclos éloigné des bâtiments, avec un accès aux œufs par l'extérieur. Elles peuvent se promener dans la cour mais n'ont pas la possibilité de rentrer dans l'établissement. Les élèves ont déjà une information donnée par Michèle concernant la conduite à tenir lorsqu'on touche un animal grâce à la sensibilisation aux chats et n'ont jamais accès au nettoyage des déjections.

1) Le nombre de poules est porté à 4 pour respecter le minimum de 4 m² par animal. Nous ne pouvons envisager l'accueil d'animaux que dans des conditions de vie optimales pour eux.

2) Le nettoyage est effectué par un ou plusieurs membres du personnel de Candide. Les élèves, quant à eux, ont accès aux œufs qui sont datés au feutre indélébile chaque jour et distribués ensuite. Pendant les vacances, c'est le personnel de Candide qui s'engage à venir nourrir les animaux et à se partager les œufs.

3) Les poules sont nourries par les déchets alimentaires des élèves mais aussi par des graines achetées par Candide ou reçues en dons. Pour les chats, certains élèves apportent déjà des paquets de croquettes tout au long de l'année. Le même système est instauré pour les poules.

4) Les classes de primaire principalement participent au nourrissage (graines et eau) mais elles peuvent être relayées par les classes de collège. Le midi, c'est un membre de l'équipe qui se charge de distribuer les restes de repas. Il peut être accompagné d'un ou deux élèves si ceux-ci le souhaitent.

5) Pour les soins vétérinaires, c'est l'association qui règle les factures. »

Chapitre 10

La sixième année

Nos effectifs continuent d'augmenter. Nous prévoyons d'atteindre cent élèves à la rentrée prochaine avec la répartition suivante :

- CP : 10 élèves
- CE1/CE2 : 8 élèves
- CM1/CM2 : 13 élèves
- Sixième : 10 élèves
- Cinquième : 6 élèves
- Quatrième : 14 élèves
- Troisième : 11 élèves
- Chats : 15

Nous avons 72 élèves à la rentrée 2018, (75 en février 2019 après nos postes ouvertes) avec une majorité de garçons. Ils sont 58 % contre 42 % de filles. Dans nos effectifs, ce sont toujours les garçons les plus nombreux. En effet, ils sont plus enclins aux difficultés scolaires que les filles et sont les candidats les plus fréquents au décrochage scolaire.[42] Sur nos six années d'existence, ce sont 65 % de garçons qui rejoignent nos rangs contre 35 % de filles.[43]

---

42. Direction de l'évaluation, de la prospective et de la performance (DEPP), *Filles et garçons sur le chemin de l'égalité, de l'école à l'enseignement supérieur*, 2021.
43. Annexe 5, tableau 8 : pourcentages filles/garçons au fil des années.

Une ambiance chaleureuse

Au printemps 2018, une journaliste de France 3 a visité notre établissement pour capturer l'essence de Candide. Elle a été frappée par le silence apaisant qui régnait dans nos salles de classe. « On ne dirait pas qu'il y a soixante-douze enfants ici », a-t-elle déclaré, surprise.

Son attention s'est portée sur la classe de Céline, où elle a observé un subtil ballet d'interactions entre les élèves. Coline, concentrée, cherchait un objet perdu dans sa trousse, tandis que Charlotte, silencieuse, lui offrait une cartouche de stylo bleue en échange d'un sourire. Ces gestes de soutien se manifestaient à chaque instant, révélant une empathie unique parmi les enfants.

Lorsque Laly, une élève, a commencé à montrer des signes d'anorexie, ses camarades nous ont alertés immédiatement. Dans un collège traditionnel, elles auraient pu hésiter à solliciter la direction, mais ici, elles se sont confiées sans crainte. Nous avons établi un dialogue avec sa famille, qui a rapidement consulté un médecin. J'ai moi-même pris le temps de m'asseoir à ses côtés pendant quelques repas, faisant naître des rires et des échanges. Grâce à ces liens invisibles, Laly a retrouvé sa joie de vivre, soutenue par Nala, ma douce compagne féline, qui partageait ces moments délicats.

Nala, avec son regard apaisant et son pelage soyeux, incarne une sagesse silencieuse. Elle nous enseigne la patience et l'écoute, renforçant notre humanité. Dans les yeux des chats, nous découvrons des histoires anciennes et des secrets murmurés. Lorsque Laly luttait contre ses démons, Nala était là, tissant des liens invisibles entre leurs vies.

Ainsi, dans cette danse d'ombres et de lumières, les chats nous rappellent l'essentiel : l'amour, la compassion et la mélodie douce qui unit tous les êtres vivants.

À la suite du reportage, la maman d'Agathe et Mary nous envoya ce message : « Un grand bravo pour le reportage de ce matin [...]. C'était merveilleux de voir Candide et de voir comment l'ambiance de l'école a été transmise de manière si fidèle. Quelle joie de voir un tel bien-être, une telle ambiance de bonheur et de bienveillance, des élèves heureux et posé ».

Dans les murs accueillants de Candide, les enseignants tissent des liens invisibles, créant des amitiés qui dépassent les heures de classe. La hiérarchie s'efface au profit d'une harmonie douce et d'un partage quotidien. Chaque midi, nous nous retrouvons autour d'un repas simple, une invitation tacite à rester, à partager ce moment. Les anniversaires sont célébrés, les taquineries entraînent des éclats de rire. Nous formons une véritable famille.

Chaque matin, avant l'arrivée des élèves, nous échangeons autour d'un café ou d'un thé, partageant des fragments d'histoires et d'amitiés. Bien que certains enseignants soient tentés par d'autres horizons, ils choisissent de rester, fidèles gardiens de ce havre d'apprentissage. Ici, les effectifs réduits, l'ambiance chaleureuse, et la présence réconfortante des chats créent un environnement rare. Les enseignants deviennent plus humains, et beaucoup d'entre eux se projettent à Candide jusqu'à la retraite, ayant trouvé une famille qui se mesure en sourires et en miaulements.

52 % de nos enseignants ont bénéficié de notre structure pendant plus de deux ans. Les quelques départs précoces concernent principalement des bénévoles de la première année.

	Moins d'1 an	Entre 1 et 2 ans	Entre 2 et 4 ans	Entre 4 et 6 ans	Total
Nombre de personnes	7	5	4	9	25
Pourcen-tages	28 %	20 %	16 %	36 %	100 %

Figure 28 : Temps passé à Candide (personnel)

Nous aimons l'école !

Les enfants, ces petits rayons de soleil, expriment spontanément leur joie à l'idée de venir à l'école Candide. Chaque matin, leurs yeux pétillent, et ils nous accueillent avec des étreintes pleines de chaleur. Leurs bras tendres créent un lien invisible mais puissant entre eux et nous, qui va bien au-delà de la simple relation élève-enseignant.

Les adolescents, avec leur élégance toute particulière, ne sont pas en reste. Chaque jour, ils nous saluent avec sincérité, nous gratifiant de baisers sur les joues, et partagent leurs impressions sur ce qui distingue Candide de leurs anciens établissements. Que ce soit pour des raisons de santé ou de phobie scolaire, même les élèves déscolarisés trouvent ici un lieu où ils se sentent compris, écoutés et soutenus dans leur épanouissement.

Un indicateur clé de cette harmonie : notre taux d'absentéisme chez les collégiens.[44] À Candide, il est exceptionnellement bas, à seulement 2 %, comparé aux 6 % dans les établissements publics entre septembre 2018 et mai 2019. Les enfants, avec leur incroyable résilience face à la maladie, semblent souvent

44. Annexe 7, tableau 9 : Taux d'absentéisme des collégiens (période du 1er septembre 2018 au 31 janvier 2019).

dissimuler leurs petits maux, comme s'ils craignaient que la maladie ne les prive d'une journée à l'école.

Pourtant, ce qui rend Candide vraiment unique, c'est l'intervention de notre infirmier inhabituel : Donald, un chat tigré au pelage aussi doux que la soie. Lorsqu'un élève se sent mal, nous appelons ses parents pour qu'ils viennent le chercher. Et à cet instant précis, comme par enchantement, Donald arrive doucement à l'infirmerie, ronronnant près de l'élève. Ce phénomène, bien que difficile à expliquer, est indéniable. Curieusement, lorsque les parents arrivent, ils repartent souvent seuls, car leur enfant, revigoré par la présence apaisante de Donald, est prêt à retourner en classe. Qui aurait cru qu'un chat puisse jouer le rôle d'infirmier ? Pourtant, chez nous, c'est une réalité quotidienne.

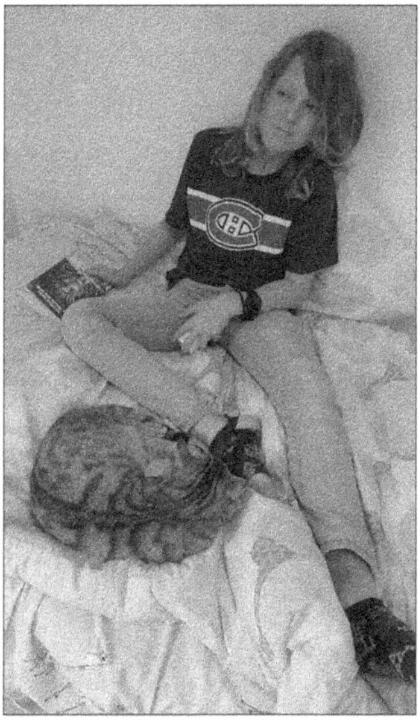

Figure 29 : Donald, le chat infirmier

Chez les enseignants, nous observons avec bonheur un phénomène similaire. Les absences sont extrêmement rares, avec un taux inférieur à 1 %, contre 5,6 % dans les établissements publics.[45] Lorsque, exceptionnellement, un enseignant doit s'absenter, il fait preuve d'une attention particulière envers ses collègues, leur confiant un précieux paquet : le travail nécessaire pour assurer la continuité pédagogique en son absence. Un surveillant prend le relais dans la salle de classe, tandis que j'apporte mon aide aux élèves en difficulté.

Cependant, ne vous méprenez pas, l'ambiance n'a rien à voir avec celle, parfois chaotique, des salles d'études traditionnelles. Ici, l'atmosphère est empreinte de douceur et de respect, propice à la concentration et à l'épanouissement. Dans ce sanctuaire de l'apprentissage, les élèves s'attellent à leurs tâches avec une attention presque sacrée, suivant le rythme de leur programme.

Au début de chaque année scolaire, une tradition perdure : les enseignants partagent entre eux leurs trésors pédagogiques. Chaque matière, chaque classe, chaque étape est soigneusement planifiée en fonction de la progression annuelle, ajustée après chaque période de vacances. Ces « progressions », comme on les appelle dans l'Éducation nationale, permettent aux élèves de suivre une trajectoire éducative cohérente tout au long de l'année, garantissant que l'enseignement se poursuive même en cas d'absence ponctuelle d'un professeur.[46]

Enfin, levons le voile sur une idée reçue tenace : celle selon laquelle les enseignants sont constamment en vacances. C'est

45. Direction de l'évaluation, de la prospective et de la performance, *En 2017-2018, les absences pour raisons de santé des enseignants du secteur public dépendent de la période de l'année et du jour de la semaine*, note d'information n°20-31, septembre 2020.
46. Annexe 10 : Exemple de programmation détaillée d'étude de la langue pour une classe de troisième année 2016-2017.

une vision erronée. En réalité, chaque période de vacances – qu'il s'agisse de l'automne, des fêtes de fin d'année, de l'hiver, du printemps ou même de l'été – est une occasion de travailler avec assiduité. Nous utilisons ces moments pour ajuster nos progressions pédagogiques, effectuer des recherches approfondies, corriger les copies et préparer les cours à venir. Tout cela dans le but de respecter notre programme et d'offrir à nos élèves une éducation de la plus haute qualité.

Le métier d'enseignant ne se limite donc pas aux heures passées en classe. C'est un engagement constant, un dévouement sans faille pour former les esprits de demain. Alors avant de juger hâtivement, rappelons-nous que chaque enseignant porte la lourde responsabilité de guider les futures générations. Et cela, mes amis, ne connaît pas de vacances.

Pourquoi les familles choisissent-elles d'inscrire leur enfant à Candide ?[47]

Une étude menée sur 165 enfants inscrits à l'école Candide entre 2013 et 2019 révèle que 41 % des familles ont opté pour cette école pour une raison bien précise : elles cherchent une éducation en adéquation avec leurs valeurs profondes. Ces familles aspirent à un équilibre entre un environnement humain et un cadre structuré, afin de permettre l'épanouissement de leurs enfants.

La décision de changer de mode d'éducation n'est jamais simple. Elle est souvent motivée par le mal-être ressenti par l'enfant dans le système scolaire traditionnel, ou par une insatisfaction des parents vis-à-vis du niveau d'enseignement ou des relations avec les enseignants. Ces parents partagent le sentiment de ne pas être suffisamment écoutés et déplorent

---

47. Annexe 8, tableau 11 : Pourquoi les familles choisissent-elles Candide ?

que les particularités de leur enfant ne soient pas pleinement prises en compte. Pourtant, ces jeunes ne sont pas forcément en difficulté scolaire. La plupart affichent un niveau moyen, mais n'éprouvent pas d'intérêt pour l'école telle qu'elle leur est présentée. En dehors du cadre scolaire, ils se révèlent vifs et naturellement curieux.

Jonathan, élève brillant en sixième, nous rappelle ce qu'il apprécie à Candide : « On est moins nombreux dans les classes alors on est tous amis. Il n'y a pas de discrimination et tout le monde peut être ensemble dans la même classe. Il y a une très grande solidarité entre nous, mais aussi avec les profs. »

Dans 28 % des cas, les familles choisissent Candide pour offrir à leur enfant, souffrant de troubles « dys », un environnement mieux adapté. Ces élèves ont souvent besoin d'aménagements spécifiques pour réussir, et le rythme imposé par les classes surchargées du système traditionnel est un frein à leur épanouissement. Ils ont l'impression de toujours devoir rattraper un train en marche. De plus, le manque de coordination entre les enseignants et la réticence de certains à mettre en place les adaptations nécessaires pénalisent fortement ces élèves. Les familles recherchent donc un cadre plus bienveillant et empathique.

Harry, élève de cinquième, témoigne : « Dans le public, les profs ne prenaient pas en compte mes problèmes. Ils conseillaient à mes parents de me faire rester à l'étude mais ils ne s'occupaient pas de moi. On était trop nombreux ».

L'école Candide accueille également de nombreux enfants précoces, représentant 19 % des effectifs. Cette proportion s'explique par la difficulté qu'ont ces élèves à gérer l'ennui dans les classes surchargées. Les enseignants, souvent occupés à répondre aux besoins des élèves en difficulté ou perturbateurs, laissent les enfants précoces se débrouiller seuls. Leur hypersensibilité les rend également très réceptifs aux stimulations de leur environnement, ce qui peut générer du stress dans de grands groupes. De plus, leur capacité à assimiler rapidement les connaissances nécessite une pédagogie adaptée : ils doivent pouvoir avancer à leur rythme pendant que leurs camarades approfondissent les notions.

Lorsque nous avons accueilli nos premiers adolescents aux portes du lycée, certains étaient déjà en grande difficulté. Ils avaient perdu confiance en l'école et ce qu'elle pouvait leur offrir. Entre 2013 et 2019, ces élèves en détresse ne représentaient que 6 % des inscrits. Toutefois, ce chiffre aurait été bien moindre s'ils avaient découvert Candide plus tôt. De nombreux collégiens ayant adopté notre pédagogie nous ont suppliés de rouvrir un lycée. Ils souhaitaient que nous les accompagnions jusqu'à la fin de leurs études secondaires, comme des guides bienveillants au milieu des défis de l'apprentissage et de la croissance.

Enfin, une part significative de familles choisit Candide dès qu'elles en découvrent l'existence, sans tenir compte du niveau scolaire de leur enfant. Elles recherchent avant tout un cadre d'apprentissage exigeant et stimulant. Les élèves, quant à eux, sont comme des alchimistes, transformant leur expérience à Candide en une réussite académique. Leurs résultats s'élèvent, tels des oiseaux prenant leur envol, indépendamment du temps passé dans nos murs.

Enfin, parmi les inscrits, 6 % portent un fardeau invisible : un handicap ou une déficience intellectuelle légère. Leur parcours scolaire est jonché d'obstacles dès les premières années, un tango incertain où chaque pas vacille. Cependant, Candide se dresse pour eux comme un refuge, une parenthèse apaisante au cœur d'une symphonie tumultueuse.

Tous ne sont peut-être pas destinés à franchir les portes du baccalauréat, mais la philosophie de Candide réside dans l'essence même de chaque enfant : encourager chacun à donner le meilleur de soi, à découvrir ses forces et ses faiblesses. Et au cours de cette quête personnelle, les élèves choisissent une voie qui résonne avec leurs passions, leurs rêves, leurs étoiles intérieures. C'est là que réside toute la magie.

Et vous savez quoi ? Cet objectif, cette lumière à l'horizon, ils l'atteignent. Ils l'embrassent, pour la plupart. Dans la douce lumière de l'apprentissage, ils trouvent leur place, tissant leur propre histoire sur les pages de l'éducation.

Les chats, nos mystérieux compagnons, ne figurent guère parmi les critères de choix des parents lorsqu'ils envisagent l'inscription de leur enfant à Candide (sauf pour les tout-petits, bien sûr !). Pourtant, dans le regard silencieux de ces félins, les parents devinent un atout insoupçonné, une clé secrète pour ouvrir la porte de la confiance de leur enfant.

Permettez-moi de vous raconter l'histoire de Jean-Christophe, un jeune garçon égaré arrivé chez nous en classe de cinquième. Ses pas résonnaient tristement dans les couloirs, porteurs d'un fardeau invisible : le harcèlement, l'exclusion, les mots cruels de ses anciens camarades. Chaque jour, il se noyait dans un océan de solitude, cherchant désespérément une étoile à laquelle s'accrocher.

Puis, Candide lui ouvrit ses portes. Dans l'ombre câline des chats, Jean-Christophe trouva un refuge. Ces félins silencieux devinrent ses confidents, ses alliés. Ils ne jugeaient pas, ne se moquaient pas. Ils étaient simplement là, à ses côtés, écoutant les murmures de son cœur brisé. Au fil des semaines, Jean-Christophe s'abandonna à cette nouvelle confiance. Il caressait les chats, leur murmurait ses secrets, et dans leurs yeux en amande, il découvrit un miroir où se reflétait sa propre valeur. Les ronronnements devinrent des berceuses apaisantes, les miaulements des encouragements discrets.

À Candide, nous avons offert à Jean-Christophe bien plus qu'une éducation : un havre de paix, un phare dans la tempête. Et lorsqu'il dut choisir sa voie, il le fit avec assurance. Les chats, ces gardiens silencieux, l'avaient guidé vers la lumière. Peut-être ne deviendrait-il pas astronaute ou avocat, mais il serait lui-même, authentique et fier.

Ainsi, dans l'ombre des chats, Jean-Christophe apprit à se réinventer. Et, comme il nous le confia plus tard, chaque fois qu'il croise un chat dans la rue, il sourit, reconnaissant, car il sait qu'à Candide, ces yeux en amande veillent toujours sur lui.

Ah, les chats ! Ces experts en diplomatie féline, maîtres de la séduction subtile. Ils savent que pour réussir un entretien d'admission dans notre école, il ne suffit pas d'avoir un CV impeccable ou des recommandations en or. Non, mes amis, il faut aussi des ronrons bien placés, des miaulements stratégiques, et une touche de charme à faire fondre même les cœurs les plus endurcis.

Imaginez la scène : la table est dressée, les parents sont légèrement nerveux, et voilà que Donald entre en scène. Il fait le tour de la pièce, salue gracieusement chaque convive et réclame quelques caresses. « Oh, monsieur, madame, grattez-moi juste derrière l'oreille, c'est excellent pour la circulation ! » Puis, d'un geste assuré, il s'allonge au milieu de la pièce, ronronnant de satisfaction, comme s'il avait déjà décroché son diplôme.

Nala, elle, a une approche plus directe. Elle se faufile sur les genoux des futurs élèves, les fixe de ses grands yeux verts, et leur murmure : « Bienvenue chez nous, chers humains. Vous allez adorer notre programme de siestes intensives et nos cours avancés de chasse aux mouches. »

Pourtant, le véritable maître de la première impression, c'est Simba. Ce chat-là, c'est le roi de l'accueil. Il choisit un membre de la famille, saute élégamment sur ses genoux et le salue avec un ronronnement profond : « Vous êtes ici chez vous, cher visiteur. Servez-vous en croquettes et profitez de notre bibliothèque de souris en peluche. »

Pendant ce temps, Daisy, la vigile du sac à main, veille discrètement. Prête à bondir si quelqu'un ose toucher à ce précieux sac. « Attention, messieurs-dames, ce sac contient des secrets, des mouchoirs usagés et un rouleau de scotch. Ne le sous-estimez pas. »

Oui, nos chats ont le sens de l'accueil. Ils savent que la véritable éducation se fait entre deux ronflements, que les câlins sont plus efficaces que n'importe quel manuel scolaire. Alors, si vous croisez un chat dans les couloirs de Candide, souriez-lui. Il vous dira peut-être : « Bienvenue chez nous, cher élève. Et n'oublie pas, la vraie sagesse se cache au fond d'une gamelle de croquettes. »

Figure 30 : SVP, laissez votre sac au vestiaire de Daisy

Les médias

Le 12 mars 2018, une étoile filante traversa le ciel nocturne et illumina notre histoire. Ce fut le jour où France 3, la télévision nationale, braqua ses projecteurs sur Candide. Un reportage, un instant fugace capturé par les caméras, mais qui allait résonner bien au-delà des ondes.

Ce passage à l'écran, toujours rediffusé occasionnellement lors de journaux télévisés régionaux, déclencha une véritable vague médiatique. Imaginez : des flots d'articles, des torrents d'interviews, des éclats de lumière dans les yeux des parents et des enfants. Pour nous, c'était un hymne à la joie, une mélodie en crescendo.

La reconnaissance, douce et enivrante, nous enveloppa. Elle nous souffla à l'oreille : « Continuez, avancez, vous êtes sur la bonne voie. « Et nous continuâmes, portés par cet enthousiasme grandissant. Candide, ce havre d'apprentissage, devint un phare pour ceux qui cherchaient un sens, un nouveau chemin.

Les chaînes de télévision se succédèrent à nos portes : France 5, BFMTV, M6, CNews, TF1, France 2, France 3 national, et bien d'autres. Les radios nationales, telles que France Info, France Inter, RTL, s'intéressèrent également à nous. Les journalistes, tels des papillons curieux, vinrent découvrir notre histoire. Ils posèrent leurs questions, capturèrent nos sourires, et diffusèrent nos mots dans l'éther.

Les émissions nationales nous ouvrirent leurs bras : Télématin, La Quotidienne, et tant d'autres encore. Nos paroles résonnaient au-delà des frontières, tandis que des articles fleurissaient dans la presse nationale et internationale. Sur les six continents, dans toutes les langues, nos idées se répandirent telles des graines portées par le vent.

Et au cœur de cette tempête médiatique, une révélation me traversa : Candide n'était pas seulement une école. C'était un rêve éveillé, une révolution silencieuse, celle que j'avais toujours souhaitée. Moi, enfant maltraitée par ma génitrice et blessée par l'école, je prenais une douce revanche.[48] Non pour nuire aux coupables, mais pour offrir aux enfants ce qui m'avait tant manqué.

Aujourd'hui, les journalistes s'intéressent à ma pédagogie innovante, à cette alchimie unique entre savoir et ronronthérapie. Et ainsi, nous continuons à écrire notre histoire, page après page, avec la conviction que, quelque part, sur un écran lointain, un enfant lève les yeux vers les étoiles et murmure : « Un jour, je serai à Candide. »

Conférences au sommet

En octobre 2018, les portes de la Maison de la Radio à Paris s'ouvrirent pour m'accueillir à un événement unique : « Dialogues avec l'Animal », organisé par l'association Taac (The Animal Alliance Channel). Ce rassemblement portait sur la communication interespèces et la conscience partagée au cœur du vivant.

Pour la première fois, je pris la parole en public pour partager mon histoire, mon lien intime entre mon passé et la pédagogie de Candide. Les mots sortaient avec la force des souvenirs, mêlant rires et larmes. Dans cette salle emplie d'émotion, je sentis la présence des animaux invisibles à mes côtés, guidant mes paroles. C'est à cet instant que j'ai compris que l'éducation dépasse les limites de la salle de classe, s'étendant jusque dans les recoins secrets de la nature.

---

48. Voir l'autobiographie de Michèle Bourton, *À l'école des chats, quand les animaux nous rendent humains*, où elle relate la façon dont elle a vécu, comme une bête, avant son adoption à l'âge de 16 ans… mais avec des chats. Editions Louise Courteau, mai 2021

De ces conférences est né un livre collectif, publié aux Éditions Souffle d'Or.[49] Nos histoires s'y entremêlent, et j'ai eu l'honneur d'y participer en abandonnant mes droits d'auteur au profit des animaux. Cette aventure a ouvert une nouvelle voie pour moi, une porte vers l'infini des relations entre les êtres vivants.

Peu après, le destin nous a menés à Genève, à l'ONU, pour le Geneva Forum orchestré par l'ONG OSI (Objectif Sciences International). Céline et moi étions conviées à présenter Candide devant des experts venus des quatre coins du globe. Notre concept d'école, mêlant apprentissage et ronronthérapie, captiva l'audience. Les questions fusaient, nous demandant : « Et ailleurs dans le monde ? Des écoles Candide ? »

Dans cet échange, nous saisissons que Candide n'était pas qu'une école, mais un phare pour tous ceux en quête d'une éducation différente, plus humaine. Des graines d'espoir ont ainsi été semées à travers les continents. Si, un jour, des écoles Candide naissent ailleurs dans le monde, nous saurons que notre vision a transcendé les frontières.

Depuis ce forum, nous avons participé à plusieurs conférences internationales sur l'innovation éducative. La première a eu lieu à Londres en mars 2019, où nous avons également obtenu notre première publication scientifique.[50]

---

49. *Dialogues avec l'animal et le Vivant – les animaux ne nous regarderont plus comme avant*, Éditions Le Souffle d'Or, 2019.
50. Bourton M., Brusa C., *Candide's Innovative Teaching Method Including Purring Therapy*, International Conference on Advanced Research in Education, 7-9 march, 2019, London, United Kingdom.

Figure 31 : Conférence à l'ONU (Genève, 2018)

Une école ferme, les projets continuent

L'année 2018-2019 s'est déroulée comme un chemin semé d'épreuves, à la fois personnelles et professionnelles. Dans les couloirs de Candide, les rires des enfants masquaient les ombres qui s'étendaient lentement sur notre horizon.

Le 26 octobre 2018, mon père, mon pilier, subit un AVC. Malheureusement, il reçut l'étiquette de « °sénile « par les médecins, mais mon instinct me dictait que quelque chose d'autre l'avait frappé. Céline et moi avons persévéré pour obtenir une IRM privée, confirmant nos craintes : c'était bien un AVC. Malgré nos efforts, les mois suivants furent marqués par une série d'autres AVC, et le 20 janvier 2019, mon père nous quitta. Ce départ brisa une partie de moi, me laissant dans un vide immense.

Alors que je tentais de surmonter ce chagrin, des tensions surgirent au sein de l'équipe de Candide. L'équipe ne se sentait plus soutenue, et certains membres commencèrent à douter de ma capacité à diriger.

Les propriétaires des locaux où Candide était installée avaient eux aussi d'autres plans. Ils projetaient de vendre le terrain pour déménager dans une nouvelle région. Ils nous offrirent l'opportunité de racheter le site, mais des réparations majeures devaient être effectuées sur le toit, une condition essentielle pour la banque. Toutefois, les propriétaires ne répondirent pas à ces demandes et notre relation, autrefois amicale, se détériora rapidement.

Simultanément, des accusations et des rumeurs internes commencèrent à se répandre. Jocelyne, notre comptable, lança des insinuations selon lesquelles j'aurais dépensé 7 000 € en publicité sur Facebook, des chiffres complètement falsifiés. En réalité, le montant réel n'atteignait que 2 000 € sur une année. Cependant, cette désinformation sema la discorde parmi le personnel, alimentant les doutes et les accusations injustifiées.

La situation dégénéra davantage lorsque les propriétaires incitèrent les enseignants et les familles à retirer leurs enfants de l'école, prétendant que les élèves étaient en danger. Malgré les bilans positifs et la satisfaction des enfants, certains parents, troublés, commencèrent à suivre ces conseils.

Pendant ce temps, j'étais impuissante, veillant sur mon père mourant, incapable de réagir efficacement à cette trahison. Les propriétaires continuaient leur machination, désireux de vendre les lieux et d'effacer toute trace de Candide.

Ainsi, dans cette tempête d'accusations et de manigances, Candide se retrouva sur le point de disparaître. Malgré tout, je suis restée fidèle à mes idéaux, bien que trahie par ceux en qui j'avais confiance.

Ah, la vie est un théâtre, et nous sommes tous des acteurs, n'est-ce pas ? Voici donc le drame en trois actes, où les protagonistes se débattent dans les méandres de l'absurde, surtout quand leur intelligence se révèle si limitée.

Acte I : La maman éplorée

Scène : Un salon paisible, où le bruit sourd des secrets résonne plus fort que les tasses de thé qui se brisent.

La maman, épuisée, le visage marqué par des nuits sans sommeil, s'avance. Elle porte, non pas un enfant dans ses bras, mais le poids invisible de son téléphone qui sonne sans relâche, harcelée par des appels incessants. Ses yeux se tournent vers moi, la directrice, celle qui détient les clés de l'avenir de son fils.

Sa voix, tremblante, dépose une sentence incompréhensible :

– Je retire mon fils. Oui, celui qui respire le bonheur, celui qui court avec joie dans les couloirs et s'épanouit comme une fleur au soleil.

– Pourquoi ? demandai-je silencieusement. Et elle, dans un souffle où se mêle tristesse et résignation, répond :

– Parce que je suis harcelée, madame. Harcelée par le propriétaire de l'école et ce professeur de mathématiques qui se fait complice de l'ombre.

Acte II : Le professeur complice

Scène : Un bureau en désordre, où dossiers et papiers s'entremêlent comme les fils d'une toile d'araignée.

Là, se tient le professeur, faussement innocent, celui que j'avais accueilli avec bienveillance en lui permettant de rejoindre sa famille au Maroc dès le mois de juillet, avant même la rentrée de septembre. Lui aussi a entendu les murmures, reçu les messages codés :

– « Retire ton fils », disaient-ils. « Fuis loin de Candide, là où le bonheur n'est qu'un masque. »

Et, docilement, le professeur hocha la tête. Une complicité muette naquit dans l'ombre. Il acquiesça aux injonctions, plantant sa trahison comme une épine dans le cœur de cette école où il avait pourtant trouvé refuge.

– Bien sûr, chère madame, retirez votre fils. Il est en danger, maltraité même.

Acte III : La directrice désemparée

Scène : Une salle de classe vide, où les rires des enfants ont laissé place à un silence lourd, presque irréel.

Je suis là, seule. Le vide autour de moi résonne. Mon cœur, lui, se brise. La mère, malgré son choix, me demande une dernière chose :

– Quand vous ouvrirez une autre école, pourrez-vous reprendre mon fils ?

Je répète sa question, comme un écho douloureux, incrédule :

– Reprendre votre fils dans une autre école ? Bien sûr, chère madame, dans Candide 2.0, où les licornes chantent et les professeurs sont des fées. Attention, le bonheur y sera en option.

Et voilà, le rideau tombe, les lumières s'éteignent. La mère repart, son fils sous le bras, et moi, directrice désemparée, je me demande dans quel monde absurde nous vivons.

La réalité s'impose, implacable. Nous n'avons plus de refuge pour nos trente élèves restants. Nos recherches pour un nouveau local échouent, et les normes ERP, ces labyrinthes administratifs, nous échappent. Épuisée par le chagrin de la perte de mon père et trahie par l'inhumanité de certains, je demande la liquidation de l'association gestionnaire de l'école.

Le juge, d'ordinaire si froid dans sa robe noire, semble étonné, touché par la situation. D'une voix adoucie, il autorise la clôture. Le 2 avril 2019, Candide ferme ses portes.

Le sentiment d'injustice qui nous étreint, Céline et moi, est immense. Une peine insoutenable nous déchire alors que nous rendons à un système classique tant d'enfants que Candide avait aidés à se relever. Ce deuil est un fardeau que nous portons dans le silence des murs vides.

Je dépose plainte à la gendarmerie. Les rumeurs, ces lames acérées, ont blessé mon honneur. Et pourtant, les familles, avides de scandale, s'en réjouissent. « C'est nous, c'est nous qui avons fait tomber Candide ! » clament-elles, telles des corbeaux s'acharnant sur un cadavre encore chaud.

L'année 2020, avec ses promesses de renouveau, apporte enfin la vérité. Une enquête minutieuse passe au crible toutes les familles ayant fréquenté Candide. Et là, dans la lumière de la justice, la vérité éclate : je suis lavée de tout soupçon. Le Procureur classe l'affaire. Et Michèle, cette femme au cœur brisé, ne désire poursuivre personne.

Ainsi, dans le calme retrouvé, je me relève. Je ne suis plus une victime, mais une survivante. Quant aux familles, autrefois si bruyantes, elles se taisent, car, en fin de compte, la vérité a triomphé.

Dans l'ombre de la fermeture de Candide, nos cœurs saignent, nos rêves se brisent, mais, tel un funambule sur le fil du destin, nous nous relevons, parce que la vie, cette maîtresse imprévisible, nous pousse à rebondir, à créer, à étendre nos ailes et à laisser derrière nous les imbéciles.

Nos déplacements à l'ONU, ce sanctuaire des espoirs universels, ont gravé leurs empreintes dans nos âmes, à Céline et à moi. Ces rencontres, comme des éclats d'étoiles, ont illuminé nos nuits. Et nous, petites fourmis égarées, portons désormais un nouveau rêve : Candide International.

Cette ONG, ce vaisseau de lumière, abrite des vocations multiples, aussi vastes et diversifiées que des pétales emportés par le vent :

1. L'intelligence animale alliée à la ronronthérapie : Nous voulons que le doux murmure des ronrons félins traverse les continents, qu'il console des âmes et guérisse des cœurs. Des chats, des enfants, des êtres en quête de réconfort, car, parfois, la guérison se cache dans un simple miaulement. Nous désirons aussi que les enfants découvrent le monde animal dans toute sa richesse.

2. L'Éducation bienveillante : Nous rêvons d'une éducation qui s'élève vers les étoiles, qui écoute le chant des arbres et sème des graines d'amour. Dans chaque recoin du monde, nous imaginons des écoles où les enfants fleurissent sous le soleil, avec au programme un enseignement de l'éthologie, pour les relier à la nature qui les entoure.

3. La Révolution des Cœurs : Nous rêvons d'un monde où les cœurs s'ouvrent et où les mains se tendent. Nous souhaitons semer des sourires, récolter des étoiles, car la bienveillance est notre boussole.

Le rideau se lève sur ce nouveau chapitre, et nous avançons, les yeux fixés sur l'horizon. Candide International, un nom qui résonne comme une promesse. Dans le silence des possibles, nous écrivons notre histoire, page après page, avec l'encre de l'espoir.

Les vocations de l'ONG

Notre mission est vaste :

- aider à la création d'écoles Candide dans les pays demandeurs, en les affiliant au réseau des écoles Candide ;
- promouvoir la pédagogie Candide, notamment liée à la ronronthérapie, à travers la publication d'ouvrages et d'articles ;
- organiser des conférences, salons ou congrès nationaux et internationaux pour promouvoir cette approche ;
- encourager l'éducation scolaire en faveur de la défense des animaux et de l'environnement.

Candide International a déjà travaillé à l'ouverture d'une école dans un parc animalier au Bénin. Les lenteurs provoquées par la pandémie de Covid-19 ont retardé le projet, mais elles n'ont pas émoussé notre détermination. Le ministre des Enseignements maternels et primaires, ainsi que celui de l'Environnement, soutiennent notre initiative innovante : un enseignement de qualité couplé à la découverte de l'environnement et du monde animalier. Ce projet s'inscrit dans les Objectifs de développement durable de l'ONU, particulièrement l'ODD 4 pour une éducation de qualité, et l'ODD 15 pour la préservation de la vie terrestre.[51] Une autre aventure est également en cours d'étude au Togo, avec la perspective d'ouvrir une école Candide dans une réserve animalière.

Pourtant, le spectre du terrorisme a plané sur nos projets, frappant précisément la zone du Bénin où notre école devait s'installer. Ces rêves lumineux ont dû être suspendus. Le ministre béninois a proposé de déplacer l'établissement au sud, dans une région marécageuse, mais ce n'était pas mon projet. Alors, j'ai renoncé.

---

51. Pour plus d'informations sur les 17 ODD : https://www.un.org/sustainabledevelopment/fr/objectifs-de-developpement-durable/

Et voilà, le rideau tombe sur cette scène désolante. Les rêves et les espoirs s'évanouissent, et nous, naufragés, cherchons une autre voie, une nouvelle étoile à suivre.

Une course d'obstacles

Nos projets à l'étranger nous tiennent à cœur, mais en France, nous nous heurtons aux labyrinthes de l'administration. Les normes d'accueil du public, strictes et complexes, étouffent nos initiatives. Inébranlable, j'ai pris mon bâton de pèlerin, contactant une à une les mairies comme une exploratrice à la recherche d'une terre accueillante. Partout, les édiles aiment notre concept, s'enthousiasment pour notre originalité, mais les bâtiments, ces carcasses de pierre, ne sont pas adaptés. Les obstacles administratifs, eux, s'empilent avant même que nous puissions avancer.

Et nous, rêveuses et passionnées, restons les mains tendues. Nous avons rencontré des maires avec le cœur en feu pour notre projet, mais la bureaucratie, ces toiles d'araignée, nous enserre.

Dans cette quête sans fin, je continue d'avancer, les yeux rivés sur l'horizon incertain. Céline, quant à elle, absorbée par sa carrière d'orthophoniste, a levé l'ancre. Comme un navire quittant son port d'attache, elle s'est éloignée, emportée par les courants de sa profession.

Mes écrits, témoins d'une passion

Par ailleurs, je consacre mon temps à l'écriture pour faire connaître les bienfaits des animaux auprès des enfants et adolescents en situation scolaire. Plusieurs ouvrages sont déjà parus :

• *À l'école des chats, quand les animaux nous rendent humains*, Éditions Louise Courteau, 2021. Il s'agit de mon autobiographie ;

• Participation à l'ouvrage collectif *Dialogues avec l'animal et le Vivant*, Éditions Le Souffle d'Or ;

• Contribution à l'ouvrage collectif *L'animal médecin*, sous la direction de Yolaine de la Bigne, Éditions Leduc, 2023.

Dès 2025, une collection d'ouvrages sur l'intelligence animale paraîtra aux Éditions Talma Studios.

Synthèse

Ouvrir une école hors contrat en France, c'est un peu comme jouer aux chaises musicales dans un ascenseur en panne. C'est un défi digne d'un funambule sur une corde raide, avec un orchestre de grenouilles qui improvise du jazz en arrière-plan. Voici un aperçu humoristique des nombreuses tâches qui attendent le directeur ou la directrice de cette aventure :

1. **La paperasserie acrobatique :** S'amuser avec les formulaires administratifs est un sport national. Remplir, déposer, récupérer, réimprimer, rédiger, signer, tamponner, scanner, faxer, photocopier… et tout cela avant le déjeuner ! Un vrai marathon du papier.

2. **La cohue des subventions :** Trouver des financements pour l'école, c'est un peu comme convaincre un chat de prendre un bain. Il faut se rouler par terre, sauter et miauler pour obtenir des subventions, des dons et des parrainages. Si vous échouez, vous finirez sûrement en vidéo virale sur YouTube !

3. **Le grand équilibre budgétaire :** Pleurer avec les chiffres devient essentiel. Gérer les dépenses, les recettes, les salaires, les fournitures et les factures sans perdre son équilibre mental est un véritable tour de force.

4. **La récréation diplomatique :** Gérer les conflits entre élèves, parents et enseignants est un art subtil. Vous devez être à la fois psychologue, médiateur, arbitre et distributeur de mots doux. Et si une bagarre éclate, mieux vaut avoir une ceinture noire en judo. Qui a besoin d'un garde du corps quand on peut devenir son propre Teddy Riner ? Sinon, direction la récréation surveillée !

5. **La course aux ressources :** Trouver des locaux, du matériel, des livres, des ordinateurs, des chaises, des tables, des tableaux, des craies, des stylos, des feuilles, des agrafeuses, des trombones… c'est comme participer à une chasse au trésor dans un labyrinthe sans plan.

En fin de compte, ouvrir une école hors contrat en France, c'est résoudre un Rubik's Cube tout en équilibre sur un monocycle. Pourtant, rappelez-vous, chaque sourire d'élève vaut son pesant d'or, même si vous devez prendre des comprimés contre le mal de tête pour le décrocher !

Avant l'ouverture

Ah, l'ouverture d'une école en France ! C'est un peu comme décrocher la lune avec une épuisette en papier. Voici un petit guide humoristique pour devenir directeur ou directrice d'une école hors contrat :

1. **Le Master II, le Graal :** Imaginez un chevalier en armure, brandissant son diplôme de Master II comme une épée magique. Ce précieux sésame doit avoir été forgé dans les flammes de l'Université, trempé dans la sueur des étudiants et béni par un professeur barbu. Une fois en main, vous êtes prêt à affronter les dragons de l'administration. Depuis 2018, un simple bac + deux suffit. Allez comprendre la logique du ministère de l'Éducation nationale, qui souhaite pourtant la fermeture des écoles hors contrat ![52]

2. **L'expérience de dix ans :** Pour diriger une école, on exige que vous ayez enseigné pendant une décennie. En gros, c'est comme dire : « Avant de devenir pilote, soyez passager pendant dix ans. « Deux options s'offrent à vous : enseigner pendant dix ans ou inventer une machine à remonter le temps. Cependant, depuis 2018, alors que l'État

52. https://creer-son-ecole.com/recruter-et-manager-son-equipe/

ne souhaite pas la création d'écoles hors contrat, il a pourtant allégé le processus : votre directeur peut n'avoir que cinq années d'expérience. À n'y rien comprendre...

3. **Les fiches de salaire, la trésorerie magique :** Les fées de l'Éducation nationale exigent vos fiches de salaire. Elles scrutent ces documents avec attention, cherchant des signes de richesse, de pauvreté ou de magouilles. Si vous avez touché un jour de congé maladie en 2007, elles vous jettent un sort de bureaucratie. Et n'oublions pas que l'administration possède déjà toutes ces fiches de salaire, puisqu'il faut avoir enseigné dans l'Éducation nationale pour ouvrir une école hors contrat... Totalement absurde !

4. **Les appréciations des anciens supérieurs :** Imaginez un grimoire rempli de louanges et de critiques. Vos anciens supérieurs écrivent des commentaires tels que : « Très bon professeur, mais a tendance à perdre ses stylos » ou « Aime les élèves, mais déteste les agrafes ». Vous devez les présenter comme des lettres de recommandation, alors qu'en réalité, ce sont des sorts de validation... que le rectorat détient déjà ! Mais enfin...

5. **La potion du découragement :** Une fois tous les ingrédients rassemblés (diplômes, fiches de salaire, appréciations), mélangez-les dans un chaudron en cuivre. Ajoutez une larme de frustration, une pincée de désespoir et une goutte de café. Buvez la potion, et vous vous sentirez instantanément découragé. Félicitations, vous êtes prêt à ouvrir votre école !

En fin de compte, diriger une école hors contrat en France, c'est comme avancer sur un fil de fer au-dessus d'un volcan en éruption, mais rappelez-vous, chaque élève que vous aidez à grandir est une étoile dans votre propre ciel scolaire !

Le préfet et son enquête

Le préfet du département déclenche une enquête digne des romans de Dumas. Le directeur ou la directrice, tel un personnage de Balzac, se retrouve au cœur de cette intrigue. Sa moralité et ses mœurs sont scrutées par les yeux perçants d'un hibou nocturne. Les dossiers s'empilent, les certificats de bonne conduite se dévoilent, et les anciens supérieurs livrent leurs appréciations. Le préfet, maître d'échecs, déplace ses pions sur l'échiquier administratif. Chaque diplôme, chaque fiche de salaire, chaque lettre de recommandation est minutieusement vérifiée. Chaque virgule, chaque accent circonflexe, chaque point-virgule est observé, comme si c'était la clé d'un coffre-fort millénaire.

Et pendant ce temps, les familles, gardiennes du Saint-Graal, confient leurs enfants à ce groupe d'adultes. Elles espèrent que l'école sera un havre de savoir, un refuge de mansuétude, un phare dans la nuit. Elles attendent que le directeur ou la directrice les mène vers la lumière.

Car au-delà des formulaires, des enquêtes et des vérifications, il y a l'essentiel : l'éducation des âmes, la transmission des connaissances, la croissance des esprits. Dans ce tourbillon administratif, le directeur ou la directrice jongle avec les étoiles, chante avec les constellations et tisse la trame de l'avenir. Que le préfet poursuive son enquête, que les étoiles continuent de briller, et que les enfants grandissent comme des bourgeons prometteurs, car, au bout du chemin, il y a l'école, ce lieu magique où les rêves prennent forme, où les mots deviennent des ailes, et où les cœurs s'ouvrent comme des livres anciens.

La quête d'un local conformé aux normes ERP

La quête d'un local conforme aux normes ERP (Établissements Recevant du Public) peut parfois ressembler à une épopée héroïque. Voici quelques-unes des aventures que notre héros, le directeur d'école, pourrait rencontrer lors de cette quête :

1. **Le rapport de conformité électrique :** Face à l'énigmatique EDF (Entité des Détails Fastidieux), notre héros doit résoudre des énigmes électriques et déchiffrer les symboles mystérieux des panneaux de secours lumineux.
2. **Le feu et la glace :** Le maire adjoint à l'urbanisme, surnommé « Le Garant des Règles », exige un rapport de salubrité et de sécurité. Notre héros doit affronter des dragons de papier, des trolls de tissu et des golems de carton pour prouver que son établissement est à l'épreuve du feu.
3. **L'éclairage épique :** Pour assurer une luminosité suffisante, notre héros doit dénicher la légendaire Ampoule d'Illumination Maximale. Il parcourt des couloirs sombres, escalade des montagnes de dossiers administratifs et brave les pièges des contre-marches contrastées.
4. **La quête des toilettes :** Dans les toilettes, une lampe rouge clignotante attend d'être activée lors de l'alarme incendie, mais, attention ! Elle ne s'allume que pour les malentendants, qu'une école hors contrat ne peut se permettre d'inscrire puisque l'État lui refuse les AVS. Notre héros doit résoudre des énigmes sonores et des puzzles de signaux lumineux.
5. **Le fauteuil roulant de la destinée :** enfin, notre héros doit respecter les règles concernant les déplacements en fauteuil roulant. Il découvre des rampes secrètes, des ascenseurs enchantés et des passages étroits dignes d'un labyrinthe.

Et voilà, notre valeureux directeur d'école réussit à créer un établissement sûr et conforme aux normes. Sa récompense ? Un diplôme en « Gestion héroïque des bâtiments » et une place dans la légende des ERP !

L'obscurité des formalités administratives

Dans l'obscurité des formalités administratives, le rêve d'ouvrir une école prend forme, mais avant même que la première craie ne griffe le tableau, il faut invoquer une somme considérable d'argent. Les autorisations arrivent lentement : celle du préfet, celle du rectorat, et enfin, celle du maire, qui se fait attendre comme un spectre nocturne. Trois mois s'écoulent, trois mois de patience et d'incertitude.

L'inscription des élèves devient une course contre la montre. Le loyer, impitoyable collecteur, exige son tribut chaque mois : six mois de paiements anticipés, un tango avec les chiffres, avant que les premiers élèves ne franchissent le seuil. Moi, l'architecte de ce rêve, je vois mes heures s'étirer, de quarante à soixante-dix par semaine. Je manie la publicité avec l'habileté d'un équilibriste, car dans ce monde des écoles hors contrat, la publicité est interdite.

Pourtant, il faut que mon établissement se révèle au grand jour. Les élèves s'inscrivent, porteurs d'espoir et de promesses, mais le risque persiste : recruter des enseignants sans garantie, sans certitude. Des âmes diplômées, bardées de bac + 3, acceptant un salaire modeste de mille quatre cents euros nets. Moi-même, je me mue en bénévole, sacrifiant mon temps pour que le projet prenne vie.

Le directeur et la surveillance de la vertu

Le directeur, surveillant de la vertu, doit prouver au rectorat que son personnel est irréprochable. Un casier judiciaire vierge, une preuve annuelle que chacun possède son diplôme, comme si les diplômes pouvaient s'évaporer dans l'air. Chaque année, la même ritournelle : les preuves, les certificats, l'absence de condamnation. Une agitation administrative, un ballet de papiers, pour que l'école continue de briller, année après année, dans la lumière fragile de l'éducation.

Dès la première rentrée scolaire, je me trouve face à un labyrinthe de responsabilités et d'obligations. Pour ouvrir les portes de mon établissement, je dois inscrire au moins vingt-cinq élèves, autant de clés pour déverrouiller le futur. Cependant, ces clés ne sont pas en or, elles sont en chiffres : le loyer, les charges, les assurances et, surtout, le salaire de l'enseignant, bien que modeste, inférieur à celui qu'il percevrait dans le monde public ou privé sous contrat. L'enseignant doit être animé d'une passion inébranlable, car il sacrifie sa rémunération pour la cause de l'éducation.

Pourtant, je ne peux être partout à la fois, je n'ai pas le don d'ubiquité. Alors, je dois recruter des sentinelles bénévoles, des gardiens invisibles qui veilleront sur les élèves pendant que je joue avec les chiffres et les heures. Chaque mois, j'envoie au rectorat la liste des présents et des absents, telle une messagère des étoiles.

Quatre demi-journées d'absence non justifiées, et le chef d'établissement convoque les responsables de l'enfant. Il leur rappelle leurs devoirs, leurs promesses gravées dans le marbre des règlements. Le Dasen, tel un oracle, est informé de la situation. Dix demi-journées d'absence, et l'équipe éducative se rassemble, proposant des filets d'aide et d'accompagnement pour rétablir l'assiduité de l'élève. Un référent, tel un phare dans la nuit, guide le navire vers des eaux plus calmes.

Cependant, si l'absentéisme persiste, le Dasen, tel un juge, saisit le procureur de la République.[53] Les mots se transforment en actes, les chiffres en décisions. Dans ce théâtre de l'éducation, je jongle avec les rôles, les responsabilités et les espoirs. Chaque élève absent est une étoile égarée, et moi, gardienne des constellations, veille sur leur trajectoire.

---

53. Direction de l'information légale et administrative (premier ministre), Assiduité scolaire et absentéisme, 29 juillet 2020.

Dans l'antre de l'éducation, le chef d'établissement se tient en équilibre sur le fil tendu de la sécurité. Tel un funambule, il prépare les élèves de cinquième et de troisième aux épreuves de l'ASSR,[54] ces mystérieuses étoiles qui guident leur chemin sur les routes de la prudence.

Et ce n'est pas tout : le chef d'établissement orchestre l'examen au cœur même de son domaine. Alors, les salles se transforment en sanctuaires, les tables en autels de savoir. Les élèves, tels des initiés, passent les épreuves, déchiffrant les signes de la sécurité routière.

Et puis, il y a les PPMS (Plan particulier de mise en sécurité), ces parchemins magiques qui protègent l'établissement des forces obscures. Deux par an minimum, tels des rituels saisonniers, pour se prémunir des tremblements de terre, des attentats qui planent dans l'air... Le chef d'établissement veille sur son sanctuaire, prêt à déployer les sorts de sécurité, à ouvrir les portails de l'abri, à guider les âmes égarées vers la lumière.[55]

Dans ce monde de l'éducation, la sécurité est un art subtil, une danse entre les règlements et les réalités. Et le chef d'établissement, maître des étoiles, trace des constellations de protection pour que chaque élève puisse grandir en toute quiétude, sous la voûte céleste de l'apprentissage.

Dans l'enceinte du groupe scolaire

Dans l'enceinte du groupe scolaire, les heures s'étirent comme des ombres sur le cadran. Le chef d'établissement, tel un maître d'orchestre, dirige les conseils de classe, harmonisant les voix des professeurs, les notes, les appréciations. Le logi-

---

54. ASSR : Attestation scolaire de sécurité niveau 1 en cinquième et niveau 2 en troisième.

55. Si vous en avez le courage, vous pouvez en apprendre plus dans ce lien : https://www.education.gouv.fr/bo/2023/Hebdo26/MENE2307453C

ciel de gestion de vie scolaire, ce grimoire numérique, doit être soigneusement rempli par chaque enseignant, chaque ligne, chaque pixel, pour que l'équilibre soit préservé.

Et dans les coulisses, une alliée se tient dans l'ombre. Céline, l'orthophoniste, amie fidèle, déploie ses ailes de bénévole bien au-delà des limites de son contrat. Avant même l'ouverture de l'établissement, elle arpente les dédales administratifs, perfectionne les emplois du temps, recrute des professeurs, cherche le matériel à installer dans chaque classe. Ensemble, nous portons les fardeaux, montons les barricades, installons les rêves.

Lorsque le groupe scolaire indépendant Candide ouvre ses portes, Céline endosse son rôle d'orthophoniste avec une dévotion sans faille. Elle jongle avec les formalités pour les enfants malades, les élèves aux troubles d'apprentissage. Elle valse avec les subventions, les ventes de chocolat de Noël, les bulbes au printemps. Elle répond au téléphone, enseigne, gère les rendez-vous, assiste la directrice dans les entretiens de recrutement. Ensemble, nous décidons du sort des enfants à l'essai.

Céline, la bénévole, sacrifie son salaire, sa tranquillité, pour que l'école prospère. Son maigre revenu ne peut mesurer l'ampleur de son dévouement, mais dans le cœur de l'établissement, elle brille comme une étoile, guidant les pas des élèves, écrivant une histoire de courage et d'amitié.

Les devoirs du directeur

Dans l'enceinte de notre établissement, le chef veille scrupuleusement à l'harmonie du savoir. Chaque année, lors des petites vacances, il s'assure que les professeurs suivent fidèlement les progressions établies. Tel un maître d'orchestre, il accueille les inspecteurs de l'Éducation nationale et les contrôleurs des diverses branches administratives : sécurité, pompiers, inspecteurs du travail, inspecteurs de police – tous veillant à ce que notre équipe enseignante soit irréprochable, sans faille ni ombre au tableau. Il doit également initier chaque nouveau membre du personnel à la pédagogie Candide, cette approche unique liée à la ronronthérapie.

Il ne se limite pas à ces préoccupations internes. Il est aussi le régisseur des sorties scolaires, scrutant chaque proposition avec l'œil avisé d'un bibliothécaire examinant un manuscrit rare. Chaque excursion doit être en parfaite adéquation avec le programme éducatif, chaque déplacement validé avec soin. Dans notre petite structure, où les ressources sont modestes, l'équipe doit se démener pour trouver suffisamment de parents accompagnateurs, car, avouons-le, s'offrir un bus relève de l'impossible.

Et puis, il y a cette histoire d'arrêt de bus. Un simple arrêt, proche de l'école, qui aurait pu faciliter les sorties. Seulement voilà, il nous est refusé. Ce petit rectangle de béton, passant juste devant notre porte, est écarté, comme un secret bien gardé. Pourtant, nous continuons notre chemin, avec nos chats, nos progressions, nos sorties, et notre arrêt de bus imaginaire. Dans notre établissement, chaque détail compte, même les plus invisibles.

Au sein de notre vénérable institution, le directeur, tel un funambule, jongle avec les destins des élèves et des enseignants. Quand un souci pointe son nez, il accueille les bambins, tels des papillons égarés, venus lui confier leurs tracas. Parfois, c'est l'enfant lui-même qui, d'un pas décidé, frappe à la porte du bureau du maître des lieux.

Et ce n'est pas tout : le directeur est aussi le réceptacle des secrets du personnel. Les enseignants, les agents administratifs, les concierges – tous trouvent refuge dans son antre. Ils viennent lui parler, parfois en chuchotant, parfois en déversant leur cœur comme un torrent en crue. Le directeur écoute, hoche la tête, et, parfois, offre un sourire compatissant, car derrière chaque visage fatigué se cache une histoire, un fardeau, une quête de sens.

Il y a aussi les entretiens professionnels. Ces rituels annuels (désormais bisannuels) où le directeur, tel un alchimiste, mélange compétences, ambitions et projets d'avenir. Avec les élèves de troisième, c'est encore plus délicat. Il les ausculte, les scrute, les dissèque presque. Bilans de compétences, tests psychologiques – tout y passe. L'objectif ? Les guider, les orienter, les éclairer sur leur chemin à venir. Voie professionnelle ou options en seconde générale ? Le directeur est là pour les aider à décrypter les étoiles de leur destin.

Et n'oublions pas la sécurité. Nos écoles, comme des îlots fragiles, sont parfois secouées par des tempêtes. Agressions, incivilités, petits drames – le directeur veille sur les abords de l'établissement. Il scrute les ombres, les coins sombres, et il agit, car la sécurité des élèves et des enseignants est sa mission sacrée.

Et puis, il y a les cours. Oui, le directeur enseigne aussi. Il se glisse dans la peau du professeur, devant les élèves, le tableau noir comme toile de fond. Il partage son savoir, sa passion, et parfois, se surprend à apprendre autant qu'il enseigne, car dans cette découverte des connaissances, chacun est à la fois élève et maître.

Revenons à moi. Malgré mes six vertèbres cassées et mes moments en fauteuil roulant, j'ai porté notre établissement à bout de bras, mais, sans Céline, il aurait fermé bien avant 2019. Plus diplomate que moi, elle maniait les mots délicatement. Elle était la voix douce, le sourire apaisant. Elle s'occupait des parents, ces étranges créatures qui surgissaient parfois, exigeant des rendez-vous pour des broutilles. « Mon enfant a perdu sa moufle ! » s'écriaient-ils. Je refusais de perdre mon temps avec ces futilités. J'avais des montagnes à déplacer, des étoiles à aligner.

Céline, elle, savait l'importance de la communication avec les familles. Elle jonglait avec les agendas, les humeurs, les petits tracas. Elle était la voix de la raison, la spécialiste des ponts entre l'école et la maison. Même si les parents ne pouvaient imaginer la somme de travail qui pesait sur moi, sur nous, elle ne cessait d'être patiente, sur le fil fragile de l'éducation, car dans notre établissement, chaque geste compte, chaque mot résonne. Et derrière les portes closes, la directrice et son adjointe tissent toutes deux la trame invisible du bonheur.

Conclusion

Créer son école en France, c'est s'embarquer dans une aventure épique, un périple où les manuels scolaires deviennent des parchemins mystiques et les tableaux noirs, des portails vers des mondes inconnus.

Pourtant, cette quête a un prix. Créer son école, c'est renoncer à toute vie privée et familiale. Les soirées douillettes devant la cheminée sont remplacées par des réunions interminables avec les parents d'élèves. Les dimanches en famille ? Oubliez-les, car ce jour-là est dédié à la correction des copies et à la préparation des cours pour la semaine à venir.

Pourquoi donc se lancer dans cette folle aventure ? Parce que, mes amis, il y a ce dernier rapport Pisa de décembre 2023 : le niveau des élèves chute considérablement en maths. Une nouvelle qui vous fait vous redresser sur votre chaise, le sourcil arqué et le café renversé. Imaginez-vous, assis dans votre bureau de directeur ou de directrice, scrutant les résultats de vos élèves. Les chiffres s'agitent devant vos yeux, et vous vous demandez : « Comment diable ont-ils réussi à confondre la racine carrée avec un emoji de banane ? »

Ah, les ministres de l'Éducation… Ils passent, se succèdent, et leur nom reste gravé dans les annales comme des hiéroglyphes indéchiffrables. On les imagine assis dans leurs bureaux lambrissés, entourés de conseillers en costumes stricts. Ils élaborent des réformes, des plans, des circulaires, ils parlent de « pédagogie différenciée », de « compétences transversales »…, mais, finalement, ils devraient toujours être animés par cette clé : « Les élèves doivent apprendre à apprendre. »

Et nous, pauvres enseignants, nous jonglons avec les programmes, les évaluations, les bulletins. Nous sommes les funambules de l'éducation, marchant sur un fil tendu entre les exigences ministérielles et les réalités de la classe. Pendant ce temps, nos élèves, tels de petits acrobates, tentent de décrocher les étoiles de la connaissance. Alors, malgré les défis, les nuits blanches, les copies à corriger…, si Céline et moi faisions un saut dans le passé, nous choisirions de recommencer, pour que toujours brille cette étincelle dans leurs yeux, cette étincelle qui dit : « J'apprends, je grandis, je deviens. » Et, mes amis, cela vaut plus que tous les classements du monde.

Bien sûr, il y eut aussi ces parents parfois agressifs, mais la grande majorité était des personnes que nous appréciâmes, et certains font même partie de nos amis aujourd'hui. Oui, il y eut des élèves difficiles qui n'avaient pas leur place à Candide et dont nous dûmes nous séparer, mais la majorité des enfants et adolescents qui franchirent nos portes nous apportèrent tant de satisfaction, de rires, de joie et de bonheur au quotidien…

Certes, le personnel connut des moments de tension au cours des six derniers mois. Cela nous apprit qu'il vaut mieux, en France, être propriétaire pour créer son école. Pourtant, avant que nos coéquipiers ne prennent cette décision, nous fûmes profondément heureux de travailler ensemble, de rire chaque jour. Pour paraphraser notre petit prodige : « Candide, ce fut le paradis. »

Et que dire de nos trésors à quatre pattes ? Comment exprimer en mots simples l'amour profond qui nous unissait à eux et vice versa ? Ces animaux extraordinaires nous apprirent tant, à nous, aux enfants, au personnel ! Ce sont eux qui m'inspirèrent l'idée d'étendre la pédagogie Candide à l'intelligence animale dans toute sa splendeur.

C'est pourquoi je m'efforce de développer le réseau Candide dans les pays qui l'accueilleront à bras ouverts, afin que des chats continuent d'enrichir l'expérience des enfants, leur permettant de découvrir leur beauté. Mon objectif est de leur enseigner ce qui unit l'homme et l'animal. Chaque fois qu'il sera possible d'implanter notre groupe scolaire, ce sera avec des chats comme compagnons de classe, et aussi avec la faune de chaque région. Ces pays s'intéressent au projet parce que l'instruction proposée est de haute qualité, étroitement liée à nos merveilleux amis non humains.

Bien sûr, l'argent est le nerf de la guerre. Mon ONG reçoit principalement des dons modestes, souvent issus des ventes de mes livres, alors merci pour tous les généreux donateurs, quels que soient les sommes versées, merci du fond du cœur.

Et pourtant...

L'éducation de qualité devrait être la plus grande cause de l'humanité. Dans cette instruction, l'amour des animaux et de la nature doit être enseigné tout autant que l'histoire, les langues ou les sciences, car l'éducation n'est pas seulement une question de connaissances, mais aussi d'humanité.

Aujourd'hui, le bonheur et l'épanouissement des enfants et des adolescents ne sont pas seulement une priorité pour moi, mais une véritable mission, un appel de mon âme. Je continue à contribuer à leur apprentissage et à leur bien-être, tel un jardinier qui nourrit ses plantes avec amour et dévouement.

Je rêve d'un avenir où un gouvernement considérera l'éducation non comme une dépense mais un investissement pour des lendemains meilleurs, autant pour les enfants que la société dans son ensemble. Oui, je rêve... Les enfants sont le reflet de notre engagement, et je suis fière de les soutenir dans leur développement, comme un phare guidant les navires dans la nuit.

Mon ambition est d'intégrer l'intelligence animale dans tous les lieux d'apprentissage, sous la forme d'un module intitulé « éthologie ». En reconnaissant et en valorisant les capacités cognitives et émotionnelles de nos amis à poils et à plumes, nous pouvons mieux comprendre leurs besoins et contribuer à leur bien-être.

Je garde mon optimisme : je suis convaincue qu'un jour, je parviendrai à apporter le bonheur à de nombreux enfants et adolescents... grâce aux animaux, comme une symphonie où chaque instrument joue sa partition, chaque enfant et chaque animal enrichit cette harmonie de sa propre mélodie. Ensemble, nous pouvons créer une musique qui résonne avec amour, espoir et joie.

N'oublions jamais que l'animal, dans la nature, n'a pas besoin de l'homme ; c'est l'homme qui a besoin de l'animal, car il peut l'aider à ouvrir son cœur, comme une clé ouvrant une porte trop souvent fermée.

Annexes

Annexe 1

Les troubles des apprentissages

Les troubles des apprentissages font désormais partie des TND (Troubles du Neurodéveloppement). Depuis février 2020, la Haute Autorité de Santé (HAS) a diffusé de nouvelles directives visant à harmoniser les pratiques de repérage et d'orientation des enfants présentant un TND.[56] Ces troubles incluent :

- les troubles de la communication ;
- les troubles du spectre autistique ;
- les troubles du développement intellectuel ;
- les troubles spécifiques des apprentissages (lecture, expression écrite, déficits en calcul) ;
- les troubles de l'attention/hyperactivité ;
- les troubles moteurs ;
- les autres TND.

Selon le DSM-5, les TND se manifestent très tôt dans la vie de l'enfant, souvent avant l'entrée en primaire.[57] Les retards causés par ces troubles peuvent entraîner des conséquences durables sur les relations sociales, scolaires et professionnelles des individus. On estime que 15 à 20 % des enfants scolarisés rencontrent des difficultés scolaires, mais seulement 5 à 7 % présentent de réels troubles des apprentissages. Parmi eux, les troubles communément appelés « dys » affectent gravement le parcours scolaire de 1 à 2 % des jeunes.

Ces troubles « dys », qui sont liés au fonctionnement cérébral, sont persistants dans le temps mais ne résultent pas d'un déficit intellectuel. Ils comprennent :

---

56. HAS : Haute Autorité de Santé.
57. DSM-5 : Manuel diagnostique et statistique des troubles mentaux.

• la dyslexie : difficulté à acquérir une lecture fluide et aisée, entraînée par des obstacles au déchiffrage et/ou à la compréhension ;

• la dysorthographie : difficulté à maîtriser les règles d'orthographe, de grammaire et de conjugaison nécessaires à l'expression écrite. Elle est souvent une conséquence de la dyslexie. Ensemble, la dyslexie et la dysorthographie constituent les troubles spécifiques de l'acquisition du langage écrit ;

• la dyscalculie : trouble affectant les activités numériques, comme l'accès à la numération, l'apprentissage des opérations, la résolution de problèmes et la géométrie.

Ces troubles spécifiques nécessitent l'intervention de spécialistes tels que neuropédiatres, orthophonistes, psychologues, neuropsychologues, orthoptistes neurovisuels, etc. Cependant, le milieu scolaire peut grandement faciliter le parcours de ces enfants grâce à des adaptations qui, bien souvent, sont simples à mettre en œuvre.

Annexe 2

Évolution bénévoles/salariés au fil des années

	2013 /2014		2014 /2015		2015 /2016		2016 /2017		2017 /2018		2018/ 2019
Salariés	1	12,5%	4	40%	7	70%	10	83%	9	81%	9
Bénévoles	7	87,5%	6	60%	3	30%	2	17%	2	19%	2

Annexe 3

Évolution des notes des élèves présentant le brevet avant et après leur inscription à Candide

Tableau 2 : Moyenne à l'arrivée à Candide

	Moyenne à l'arrivée à Candide			
	< 10	De 10 à 12	De 12 à 14	De 14 à 16
2013-2014	2	0	0	0
	100 %	0 %	0 %	0 %
2014-2015	0	2	0	0
	0 %	100 %	0 %	0 %
2015-2016	2	3	1	1
	29 %	43 %	14%	14 %
2016-2017	4	2	3	1
	40 %	20 %	30%	10 %
2017-2018	5	4	2	2
	38 %	31 %	15 %	15 %
2018-2019	3	1	3	3
	30 %	10 %	30 %	30 %
TOTAUX	16	12	9	7
TOTAUX %	36 %	27 %	20 %	16 %

Tableau 3 : Moyenne en fin de 3^e

	Moyenne en fin de 3^e		
	< 10	De 10 à 12	De 12 à 14
2013-2014	0	1	1
	0 %	50 %	50 %
2014-2015	0	0	0
	0 %	0 %	0 %
2015-2016	0	1	4
	0 %	14 %	57 %
2016-2017	0	5	0
	0 %	50 %	0 %
2017-2018	0	4	1
	0 %	31 %	8 %
2018-2019	0	0	4
	0 %	0 %	40 %
TOTAUX	0	11	10
TOTAUX %	0 %	25 %	23 %

Tableau 4 : Augmentation du nombre de points en fin de cursus

	De 0 à 2 pts	De 2 à 4 pts	> 4 pts
2013-2014	1	0	1
	50 %	0 %	50 %
2014-2015	0	0	2
	0 %	0 %	100 %
2015-2016	4	3	0
	57 %	43 %	0 %
2016-2017	1	9	0
	10 %	90 %	0 %
2017-2018	6	5	2
	46 %	38 %	15 %
2018-2019	4	6	0
	40 %	60 %	0 %
TOTAUX	16	23	5
TOTAUX en %	36 %	52 %	11 %

Tableau 5 : Réussites et mentions au brevet

	Nb élèves/ classe	Réussites	Mentions
2013-2014	2	2	0
	100 %	100 %	0 %
2014-2015	2	2	2
	100 %	100 %	100 %
2015-2016	7	6	3
	100 %	100 %	50 %
2016-2017	10	9	6
	100 %	90 %	60 %
2017-2018	13	12	8
	100 %	92,31 %	61,54 %
2018-2019	10	9	5
	100 %	90 %	50 %
TOTAUX	44	40	24
TOTAUX %	100 %	91 %	55 %

Annexe 4

Évolution des chats à Candide

Tableau 6 : Sexe des chats et mode d'arrivée à Candide

	Les chats			Mode d'arrivée à Candide	
		Mâle (M) Femelle (F)		Don famille (portée)	(trouvé sur route)
2013-2014	Mozart	M	X		
	Minnie	F	x		
	Brioche	F		X	
2014-2015	Safari	M		X	
	Chips	M			X
2015-2016	Neige	F	X		
	Donald	M		X	
	Mickey	M		X	
2016-2017	Princesse	F	X		
	Paillette	F	X		
	Crousty	M	X		
	Nala	F	X		
	Duchesse	F	X		
2017-2018	Simba	M		X	
	Olive	M	X		
	Popeye	M		X	
2018-2019	O'Malley	M			
	Bouddha	M			
	Miracle	F			
	Daisy	F			
	Fripon	M			
	Pompon-nette	F			X
TOTAUX					
			9	6	2
		22			
Pourcen-tages	100%	50/50	41%	27%	9%

Tableau 7 : Âge d'arrivée des chats et départ de Candide

Années	Les chats	Âge à l'arrivée		Départs/décès de Candide	
		Chaton	Adulte	Décès	Fuite
2013-2014	Mozart	1		1	
	Minnie	1			1
	Brioche		1	1	
2014-2015	Safari		1		
	Chips		1		
2015-2016	Neige	1		1	
	Donald	1			
	Mickey	1			
2016-2017	Princesse	1			
	Paillette	1			
	Crousty	1			
	Nala	1			
	Duchesse	1			
2017-2018	Simba	1			
	Olive	1			
	Popeye		1		
2018-2019	O'Malley	1			
	Bouddha	1			
	Miracle	1			
	Daisy	1			
	Fripon	1			
	Pompon-nette		1		
TOTAUX		17	5	3	1
		22		6	
Pourcen-tages	100%	77%	23%	50%	17%

Annexe 5

Pourcentages garçons/filles au fil des années

Tableau 8 : Pourcentages filles/garçons au fil des années

	Garçons	Pourcentages garçons	Nombre filles	Pourcentages filles	Total
2013-2014	14	58 %	10	42 %	24
2014-2015	32	74 %	11	26 %	43
2015-2016	49	74 %	17	26 %	66
2016-2017	57	70 %	25	30 %	82
2017-2018	37	54 %	31	46 %	68
2018-2019	40	56 %	32	44 %	72
Total	229	65 %	126	35 %	355

Annexe 6

Répartition des élèves selon les classes et les années

Tableau 9 : Répartition des élèves suivant les classes et les années

	2013/14	2014/15	2015/16	2016/17	2017/18	2018/19	Total
CP	0	0	0	0	0	10	10
CE1/CE2	0	0	0	3	8	8	19
CM1/CM2	6	8	11	11	8	13	57
6e	5	11	11	11	13	10	61
5e	3	12	11	15	13	6	60
4e	5	8	12	15	13	14	67
3e	5	2	9	13	13	11	53
2des	0	2	8	5	0	0	15
1es	0	0	4	8	0	0	12
Terminale	0	0	0	1	0	0	1
Total	24	43	66	82	68	72	355

Annexe 7

Taux d'absentéisme des collégiens du 1er septembre 2018 au 31 janvier 2019

Nb jours d'absence	Septembre 2018	Octobre 2018	Novembre 2018	Décembre 2018	Janvier 2019	Total
6e	0	0,5	3	3	5	11,5
5e	4	0,5	1	0	5	10,5
4e	9	5	3	8	5	30
3e	5,5	0	2	1,5	2	11
Total jours d'absence	18,5	6	9	12,5	17	63
Nb élèves	43	40	40	40	40	203
Nb jours de classe dans le mois	16	18	16	12	15	77
Nb élèves x nb jours de classe	688	720	640	480	600	3128
% Absentéisme	2,62%	1%	1,41%	2,60%	2,83%	2%

Annexe 8

Pourquoi les familles choisissent-elles Candide ? (Étude sur 156 élèves)

	Désir d'une autre éducation	Précocité de l'enfant	Troubles des apprentis-sages	Phobie scolaire	Déficience intellectu-elle	Handicap	Décrocha-ge scolaire	**Total**
Nb d'élèves	65	30	43	8	5	4	10	**165**
En %	39,4	18,2	26,1	4,8	3	2,4	6,1	**100**

Annexe 9

Manuels scolaires pour une classe de CE2

Français :

Étude de la langue :

Bled CE2, ÉÉ Hachette 2017
Dictionnaire Larousse junior poche plus
Manuel de grammaire, CE1/CE2, Éditions La Librairie des écoles

Lecture suivie :

Manuel de lecture suivie – *Picouic et Tigrelin en Europe*, Éditions La Librairie des écoles

Questionner le monde

Questionner le monde, cycle 2, Éditions Nathan, 2018

Anglais

Cup of tea, éditions Hachette, 2006

Mathématiques

Manuel de Mathématiques CE2, Éditions La Librairie des écoles
Cahier d'exercices À CE2, Éditions La Librairie des écoles
Cahier d'exercices B CE2, Éditions La Librairie des écoles

Citoyenneté

Livret *Apprendre à porter secours*

Exemple de liste de manuels scolaires pour une classe de 6e

Français

Fleurs d'encre 6e, Éditions Hachette, 2016
Etude de la langue 6e, Éditions Bordas, collection Épithète
Dictionnaire *Larousse poche*, 2017
Dictionnaire des synonymes, Éditions Larousse

Œuvres intégrales :
Contes de la rue Broca et de la Folie-Méricourt, de Pierre Gripari, chez Magnard
La fiancée du Nil, de Christian Jacq, chez Magnard
Pourquoi aller vers l'inconnu ? 16 récits d'aventures, collectif, chez Magnard
Histoires comme ça, de Rudyard Kipling, chez Magnard

Mathématiques

Phare 6e, Grand format, Éditions Hachette, 2014
Phare 6e, cahier d'activités, Éditions Hachette, 2014

Histoire, géographie, enseignement moral et civique

Histoire, géographie, EMC 6e, Éditions Nathan, 2016

Anglais

Join the team 6e, Éditions Nathan, 2010
Join the team 6e, workbook, Éditions Nathan 2010
Fun for movers 4th, Cambridge English
Dictionnaire poche Anglais, Éditions Larousse

Espagnol

Animate 6e, Éditions Hatier, 2013

Animate 6e, cahier d'activités, Éditions Hatier, 2013

Le dictionnaire poche Espagnol est prêté par le groupe scolaire Candide

Sciences et technologie

Sciences et technologie, 6e, cycle 3, Éditions Belin 2016

Annexe 10

Exemple de programmation détaillée d'étude du français (classe de troisième, année 2016-2017)

Note : Les références des colonnes Leçon et Exercices sont celles des livres *Bescherelle – La conjugaison pour tous* et *ORTH – Apprendre l'orthographe*. Quant aux livres de littérature, ils sont choisis dans la liste de ceux recommandés par l'Éducation nationale.

Date	Matière	Leçon	Exercices	Support
Jeudi 1er sept	Préparation classeur, programme			

Lundi 5 sept	Grammaire	Les classes de mots variables (1) p 316	Exercices 1 à l'oral, 2 p 316-317	Littérature
Jeudi 8 sept	Conjugaison	Temps, mode et voix p 360	Exercices 1, 5, 7 p 361	Littérature
Lundi 12 sept	Grammaire	Les classes de mots variables (2) p 316	Exercices 5, 6 p 317	Littérature
Jeudi 15 sept	Orthographe	Le verbe : infinitif et participe passé p 382	Exercice 1 à l'oral, 2, 3 p 383	Littérature
Lundi 19 sept	Grammaire	Les classes de mots invariables (1) p 318	Exercices 8, 2, 3 p 318-319	Littérature
Jeudi 22 sept	Conjugaison	Le présent et le passé composé p 362	Exercices 1, 3, 5 p 363	Littérature
Lundi 26 sept	Grammaire	Les classes de mots invariables (2) p 318	Exercices 7, 10 p 319	Littérature
Jeudi 29 sept	Orthographe	Les familles à deux radicaux p 44	Exercices 85, 86, 87 p 44	ORTH
Lundi 3 oct	Grammaire	Verbes transitifs et intransitifs p 320	Exercices 1 à l'oral, 2, 3 p 321	Littérature
Jeudi 6 oct	Orthographe	Les éléments d'origine grecque p 45	Exercices 88, 89, 90 p 45	ORTH

Lundi 10 oct	Grammaire	Verbes transitifs et intransitifs p 320	Exercices 4, 5 p 321	Littérature
Jeudi 13 oct	Orthographe	Les mots empruntés au latin p 48	Exercices 103 p 48 209, 210, 211 p77-78	ORTH
Jeudi 13 oct	Exercices 103 p 48	Quel(s) que, quelle(s) que, quelque(s) p 77	Exercices 103 p 48 209, 210, 211 p77-78	ORTH
Lundi 17 oct	Remédiation			
VACANCES DE TOUSSAINT				
Jeudi 3 nov	Conjugaison	Les emplois du présent de l'indicatif p 370	Exercices 1, 2 à l'oral, 3, 7 p 370-371	Littérature
Lundi 7 nov	Grammaire	L'attribut du sujet et du COD p 322	Exercices 1, 2 à l'oral, 3, 6, 7 p. 323	Littérature
Jeudi 10 nov	Pont : Armistice			
Lundi 14 nov	Grammaire	Les procédés de mise en relief p 350	Exercices 2 à l'oral, 4, 6, 7 p 350-351	Littérature
Jeudi 17 nov	Conjugaison	Imparfait, futur et conditionnel de l'indicatif p 366	Exercices 2, 7, 8 p. 367	Littérature

Lundi 21 nov	Grammaire	Les mots de liaison p 352	Exercices 4, 6, 7, 8 p 353	Littérature
Jeudi 24 nov	Orthographe	Les mots empruntés à l'anglais p 49 Même/mêmes p 79	Exercices p 105, 106 p 49 Exercices 215, 216, 217 p 79	ORTH
Lundi 28 nov	Grammaire	La fonction complément circonstanciel (1) p 324	Exercices 1 (à l'oral), 2, 4 p 325	Littérature
Jeudi 1er déc	Conjugaison	Les emplois du conditionnel p 374	Exercices 1, 3, 6 p 375	Littérature
Lundi 5 déc	Grammaire	La fonction complément circonstanciel (2) p 324	Exercices 6, 7 p 325	Littérature
Jeudi 8 déc	Orthographe	Les ho-mophones grammaticaux p 390	Exercices 1, 4, 5, 6 p 391	Littérature
Lundi 12 déc	Grammaire	L'analyse grammaticale (1) p 354	Exercice 8 p 355	Littérature
Jeudi 15 déc	Remédiation			
VACANCES DE NOEL				

Jeudi 5 jan	Conjugaison	Le passé simple et le passé antérieur (1) p 368	Exercices 1, 2	Littérature
Lundi 9 jan	Grammaire	Les expansions du nom (1) p 326	Exercices 2, 3, 4 p 327	Littérature
Jeudi 12 jan	Remédiation			
Lundi 16 jan	Grammaire	Les expansions du nom (2) p 326	Exercices 5, 7 p 327	Littérature
Jeudi 19 jan	Conjugaison	Le passé simple et le passé antérieur (2) p 368	Exercices 4a, 7, 8 p 369	Littérature
Lundi 23 jan	Grammaire	L'apposition p 328	Exercices 1 (à l'oral), 6, 8 p 329	Littérature
Jeudi 26 jan	Orthographe	Les homo-phones verbaux (1) p 386	Exercices 2, 3 p 387	Littérature
Lundi 30 jan	Grammaire	L'analyse grammaticale (2) p 354	Exercices 9, 10 p 356 ensemble	Littérature
Jeudi 2 fév	Conjugaison	Les emplois des temps du passé p 372	Exercice 4 (à l'oral), p 373	Littérature
Lundi 6 fév	Grammaire	L'analyse grammaticale (3) p 354	Exercice 13 p 356 seuls	Littérature

Jeudi 9 fév	Remédiation			
VACANCES D'HIVER				
Lundi 27 fév	Grammaire	La phrase complexe (1) p 330	Exercices 3, 4 p 331	Littérature
Jeudi 2 mars	Orthographe	Le participe présent et l'adjectif verbal p 388	Exercices 1 (à l'oral), 5 p 389	Littérature
Lundi 6 mars	Grammaire	La phrase complexe (2) p 330	Exercice 7 p 331 en autonomie	Littérature
Jeudi 9 mars	Conjugaison	Le mode subjonctif (1) p 376	Exercices 3, 4, 6 p 377	Littérature
Lundi 13 mars	Grammaire	La subordon-née relative (1) p 332	Exercices 1, 2 p 333	Littérature
Jeudi 16 mars	Orthographe	L'accord du participe passé des verbes pronominaux p 384	Exercices 1 (à l'oral), 3, 4 p 385	Littérature
Lundi 20 ma	Grammaire	La subordon-née relative (2) p 332	Exercices 3, 5 p 333	Littérature
Jeudi 23 mars	Conjugaison	Le mode subjonctif (2) p 376	Exercices 4, 6 p 377	Littérature

Lundi 27 ma	Grammaire	La subordonnée conjonctive (1) p 334	Exercice 1 (à l'oral), 2, 3 p 335	Littérature
Jeudi 30 mars	Orthographe	Les homophones verbaux (2) p 386	Exercices 4, 5 p 387	Littérature
Lundi 3 avril	Grammaire	La subordonnée conjonctive (2) p 334	Exercices 6, 4 p 335	Littérature
Jeudi 6 avril	Remédiation			
VACANCES DE PRINTEMPS				
Lundi 24 avril	Grammaire	L'expression du temps (1) p 336	Exercices 2, 3 p 337	Littérature
Jeudi 27 avril	Grammaire	L'énonciation p 344	Exercices 1, 3, 5 p 345	Littérature
Lundi 1er mai	Férié : fête du Travail			
Jeudi 4 mai	Grammaire	Les paroles rapportées p 346	Exercices 1, 4, 5 p 347	Littérature
Lundi 8 mai	Férié : victoire 1945			
Jeudi 11 mai	Conjugaison	Les emplois du subjonctif (1) p 378	Exercices 3, 5 p 379	Littérature
Lundi 15 mai	Grammaire	L'interrogation indirecte p 348	Exercices 1 (à l'oral), 4, 5, 6 p 351	Littérature

Jeudi 18 mai	Conjugaison	Les emplois du subjonctif (2) p 378	Exercice 6 p 379 en autonomie	Littérature
Lundi 22 mai	Grammaire	Les propositions compléments circonstanciels de cause, but, conséquence p 338	Exercices 1, 5, 8 p 339	Littérature
Jeudi 25 mai	Férié : pont de l'ascension			
Lundi 29 mai	Grammaire	L'analyse logique (1) p 357	Exercices 1, 2, 3 p 357	Littérature
Jeudi 1er juin	Orthographe	Tout, demi et nu p 392	Exercices 2, 4, 6, 7 p 393	Littérature
Lundi 5 juin	Férié : Pentecôte			
Jeudi 8 juin	Conjugaison	L'analyse verbale (1) p 380	Exercice 1 p 380	Littérature
Lundi 12 juin	Grammaire	L'analyse logique (2) p 357	Exercices 5, 8 p 358	Littérature
Jeudi 15 juin	Conjugaison	L'analyse verbale (2) p 380	Exercices 2, 4 p 380-381	Littérature
Lundi 19 juin	Grammaire	L'analyse logique (3) p 357	Exercices 10, 11 p 358-359	Littérature
Jeudi 22 juin	Brevet			
Lundi 26 juin	Brevet			

Jeudi 29 juin	Brevet
VACANCES D'ÉTÉ	

Remerciements

Avec un cœur débordant d'amour et un sourire malicieux, je tiens à exprimer mes remerciements les plus sincères

À vous, chers Candidiens, nos élèves, qui avez transformé nos journées ordinaires en moments extraordinaires par vos progrès fabuleux. Vous avez redécouvert la confiance en vos capacités et, aujourd'hui, vous brillez dans vos études supérieures ou dans le métier de votre choix. Chapeau bas !

À l'équipe pédagogique et administrative de Candide, en particulier à Alain Aubrespin et Maria Jarcellat, qui ont su transformer chaque défi en opportunité grâce à leur dévouement et leur passion.

Aux familles, nos piliers de soutien, qui nous ont offert leur loyauté sans faille et leurs encouragements constants. Nous sommes restées amies, et vous vous reconnaîtrez sans doute dans ces lignes.

À Céline Brusa, cette étoile qui brille dans le firmament de notre école Candide. Son dévouement est aussi constant que le cours d'un fleuve, sa patience aussi inébranlable que les montagnes. Face à mes moments d'isolement, similaires à ceux de l'autisme, elle a su tendre une main amicale et patiente, construisant un pont de communication là où il n'y avait que silence. Sans elle, notre fabuleux groupe scolaire Candide n'aurait été qu'une étoile filante, brillant intensément, mais disparaissant en un an. Grâce à elle, Candide est devenue une constellation, un phare pour nos élèves, brillant année après année.

Céline, ton nom est gravé dans le cœur de Candide, tout comme il l'est dans le mien. Avec toute ma reconnaissance et mon amitié, je te dis : Merci.

À Françoise Samson, mon agente littéraire, pour sa patience et sa gentillesse, aussi rafraîchissantes qu'une brise d'été.

À Patrick Pasin, mon éditeur, pour sa confiance et ses conseils précieux qui ont guidé chaque mot de ce livre.

Aux médias, qui ont contribué à faire connaître la pédagogie Candide à travers le monde. Que ce soit par les équipes télévisées de TF1, France 2, France 3, France 5, M6, BFMTV, NRJ, ainsi que toutes les radios et presses nationales et internationales, votre soutien a été inestimable.

Un grand merci à tous les scientifiques et écrivains visionnaires dont les travaux, livres, thèses et sites web sur l'éducation ont tissé des éloges autour de mes efforts pour promouvoir la pédagogie Candide. Votre reconnaissance est un merveilleux cadeau.

À nos compagnons à quatre pattes, les chats, qui ont su apporter réconfort, encouragement et aide avec leurs ronronnements et leurs câlins. Vous êtes les véritables héros de cette histoire.

Avec tout mon amour, je vous dis : Merci !

Table des matières

www.ingramcontent.com/pod-product-compliance
Lightning Source LLC
Chambersburg PA
CBHW031122020426
42333CB00012B/194
* 9 7 8 1 9 1 3 1 9 1 5 2 8 *